금식

IVP(InterVarsity Press)는
캠퍼스와 세상 속의 하나님 나라 운동을 지향하는
IVF(InterVarsity Christian Fellowship)의 출판부로
생각하는 그리스도인을 위한 문서 운동을 실천합니다.

Fasting
Copyright ⓒ 2009 by Scot McKnight
Originally published in English under the title *Fasting*
by Thomas Nelson, Inc., 501 Nelson Place, Nashville, TN 37214, USA
All rights reserved.

This Korean Edition Copyright ⓒ 2011 by Korea InterVarsity Press,
Seoul, Republic of Korea.
This Korean edition is translated and used by arrangement of Thomas
Nelson, Inc. through rMaeng2, Seoul, Republic of Korea.

이 한국어판의 저작권은 알맹2 에이전시를 통하여
Thomas Nelson, Inc.와 독점 계약한 IVP에 있습니다.
신 저작권법에 의하여 한국 내에서 보호받는 저작물이므로
무단 전재와 무단 복제를 금합니다.

금식

가장 아름답고 거룩한 몸의 언어

스캇 맥나이트 | 안정임 옮김

Ivp

차례

감사의 글	7
서문	9
들어가는 글: 기독교 금식의 몽타주	13
1. 금식과 몸의 이미지	25

1부 영성과 금식

2. 몸의 언어	41
3. 몸의 돌이킴	53
4. 몸의 간구	69
5. 몸의 탄식	85
6. 몸의 훈련	97
7. 몸의 절기	121
8. 몸의 빈곤	143
9. 몸의 체험	159
10. 몸의 소망	171

2부 금식의 지혜

11. 금식의 문제점	183
12. 금식의 유익	201
13. 금식과 건강	213
나오는 글	225
주	231
참고 도서	245

감사의 글

2006년 여름 어느 날, 내 친구 필리스 티클로부터 이메일 한 통을 받았다. 그녀는 토머스넬슨 출판사의 편집장인데, 영성의 보화 시리즈 중 금식이라는 주제를 다루는 책을 써 줄 수 있느냐는 것이었다. 영성 훈련에 대한 나의 관심을 잘 알고 이와 같은 고마운 제의를 해준 필리스에게 깊은 감사를 전한다. 그리고 내게 이 시리즈의 의미를 깊이 새겨 준 그렉 대니얼(당시는 토머스넬슨에서 일했고 지금은 내 저작권 에이전트 일을 맡아 주고 있는)과, 지혜와 통찰력을 발휘하여 필요할 때마다 적절한 조언을 해준 매트 보거에게도 감사한다. 편집자 제니퍼 스타이어는 이 원고를 세심하게 편집해 주었을 뿐 아니라 결정적인 조언으로 이 책의 내용을 한층 알차게 만들어 주었다.

집필 일정이 상당히 빡빡한 상황에서 도서관 자료 찾는 일을 도와주었던 내 옛 제자 하우나 온드리는 기대 이상으로 일을 정말 잘해 주었다. 지면으로나마 진심으로 고맙다는 말을 전하고 싶다. 그녀의 정성과 도움이 없었더라면 이 책은 빛을 보지도 못했을 것이고, 그녀의 귀중한 통찰과 제안 덕분에 이 책이 더욱 충실해질 수 있었다.

바쁜 와중에도 이 책의 초고를 읽고 평가해 준 켄트 베르기스, 트레이시 발저, 그렉 로게리, 민디 캘리가이어에게 감사한다. 아울러 금식의 의학적 자료를 뒷받침해 준 나의 주치의 존 던롭 박사와 나의 동료인 제프 넬슨 박사에게도 감사한다. 나는 그들을 통해, 책은 결코 나 혼자만의 작업이 아니라는 사실을 알게 되었다. 집필은 성도들과의 친교이며 동역이다.

나의 아내 크리스는 내가 쓴 책들을 모두 읽어 줄 뿐 아니라 줄곧 책 이야기만 꺼내는 나의 말도 인내심을 갖고 들어 주는 사람이다. 내 생각의 변화를 따라가며 대화에 동참해 준 아내를 생각하면 내가 쓴 모든 글에 아내의 수고가 녹아 있다고 말하지 않을 수 없다.

우리 부부는 이 책을 나의 옛 제자 롭과 린다 메롤라 부부에게 바치기로 했다. 그들은 내 수업을 듣다가 사랑에 빠졌고 함께 우리 아이들을 봐 주며 데이트를 즐기다가 현재는 결혼하여 버지니아 주 스털링의 성 마태 성공회 교회에서 섬기고 있다. 메롤라 부부에게 이 책을 헌정하며 깊은 감사를 전한다.

서문

기독교 전통에는 유대교나 초대교회의 가르침과 종교 의식에서 비롯된, 오래된 일곱 가지 신앙 훈련이 있다. 그 훈련들은 신앙을 우리의 일상적이고 인간적이며 육체적인 매일의 삶과 통합하는 역할을 한다. 즉 신자들이 신앙을 몸으로 구현하고 그 신앙을 몸과 육체적 자각을 통해 받아들이도록 돕는 것이다.

인간은 하나님이 이 땅에 창조하신 피조물로서, 높이와 깊이와 넓이와 시간이라는 네 가지 차원에서 이 땅의 삶을 살아간다. 일곱 가지 신앙 훈련 중 네 가지는 이 중에서 시간과 관련이 깊다. 시간을 정해 놓고 드리는 기도의 훈련은 매일의 시간을 신자의 신실한 삶과 통합한다. 안식일 지키기는 일주일 중 하루를 정해 거룩하게 구별한다. 공적인 예배나 개인적 경건의 시간에 교회력의 절기를 지키는 일은 전 세계의 교회가 한 해의 동일한 리듬을 따르도록 한다. 시간을 거룩하게 구별하는 신앙 훈련 중 네 번째는 순례인데, 이 훈련은 수세기를 걸쳐 내려오면서 유독 많은 변화와 조정을 겪어야 했다. 이제 서구 기독교 사회에서는, 순례가 더 이상 일생에 한 번 오랜 시간과 큰 노력을 들여 전 자아가 거룩하고 신성한 시간 안으로 들어가는 경험으로 인식되지 않는다. 대신, 많은 사람들이 더 적은 비용과 노력으로 더 자주 다녀올 수 있는 피정을 선택하고 있다.

나머지 세 가지 신앙 훈련은 공간 안에서 살아가는 삶과 관련이 있다. 그 훈련들은 인간의 몸과 그 몸의 자기 인식과 관련된 것이다. 그중에서 단연 금식이야말로 오해와 비난을 가장 많이 받고, 가장 잘못 행해지는 훈련이다. 십일조는 우리가 만들어 낸 것의 일부와, 우리의 육체적이고 감정적인 필요를 채우는 물질의 일부를 바치는 것이다. 식탁 교제에서 나누는 거룩한 음식은(우리가 어떤 이름으로 부르든) 거룩한 실재를 육체와 직접적으로 연결한다. 하지만 금식이라…. 금식에는 뭔가 다른 문제가 있다. 우선은 고통스럽다. 그리고 과도한 신경증적 집착으로 흐를 수도 있다. 금식을 무리하게 하면 몸에 해를 끼칠 수 있다. 한편 금식에 대한 신학적이고 성경적인 엄격한 전제에 따르면, 몸과 영혼은 하나이며 그 둘은 서로에게 깊이 의존한다. 하지만 어쨌든 많은 그리스도인들이 금식에 대한 개념 자체가 명확하지 않다는 이유로 그 문제를 아예 다루지 않는 것이 낫다고 여긴다.

내가 알기로, 이제까지 스캇 맥나이트 박사처럼 금식이라는 주제를 명료하고 솜씨 좋게 정리한 사람은 없었다. 이 책의 곳곳에는 그의 신실한 믿음과 해박한 식견이 녹아들어 있는데, 무엇보다 인상적인 것은 그의 목회적 관심이다. 그는 오늘날의 교회가 금식의 영적인 유익과 그 필요성을 인식하고 받아들여야 한다고 역설한다. 그리고 금식을 단순히 믿음의 조상들이 했던 케케묵은 관행이 아니라 주님이 몸소 실천하셨고 그 필요성에 대해 가르치신 중요한 신앙 훈련으로 받아들여야 한다고 말한다.

결론적으로, 이 책은 소심한 사람들을 위한 책이 아니다. 이 책은, 하나님을 더 잘 알고 섬기려는 분명한 목적을 위해 삶의 모든 부분을 좀더 완전하게 사용하기 원하는 진취적인 그리스도인을 위한 것이다.

필리스 티클
영성의 보화 시리즈 편집자

들어가는 글
기독교 금식의 몽타주

금식은 인생의 엄숙한 시기에 인간이 온몸으로 드러내는 자연스러운 반응이다. 그렇기 때문에 세계 주요 종교와 여러 사상들 속에서도 이 금식의 관행을 찾아볼 수 있다. 하지만 애석하게도 금식은 기독교의 영성 훈련 중에서 가장 잘못 이해되고 있는 훈련이다. 뒤에서 그 이유를 집중적으로 다루겠지만 일단 여기서는 다윗 왕 시대부터 오늘날까지의 금식의 정의들을 하나하나 살펴보며 큰 그림을 그려 보자.

다윗 왕: 온몸으로 드리는 기도

유대인들이 타나크(Tanakh) 혹은 '히브리 성경'이라고 부르는 구약 성경의 중간에는, 이스라엘 백성들이 하나님께 즐겨 드리던 기도를 모아 놓은 시편이 있다. 우리는 시편을 읽으면서 많은 것을 배운다. 그중 하나가, 기도에는 으레 자연스럽게 곁들여지는 동작이나 행위들이 있다는 사실이다. 가령 기도하며 무릎 꿇기, 기도하며 간구하기, 기도하며 묵상하기, 기도하며 씨름하기, 기도하며 찬양하기와 같은 것들이다.

기도에 동반되는 것 중에 금식도 있다. 시편 35편에 기록된 말씀을 보면 다윗은 원수들이 "병들었을 때"에 흡족한 미소를 짓지 않았고 오히려 그들을 위해 기도했다.

> 나는 그들이 병들었을 때에
>   굵은 베옷을 입으며
>   **금식하여** 내 영혼을 괴롭게 하였더니,
> 내 기도가 내 품으로 돌아왔도다.
>   내가 나의 친구와 형제에게 행함같이
> 그들에게 행하였으며, 내가 몸을 굽히고 슬퍼하기를
>   어머니를 곡함같이 하였도다. (시 35:13-14)

여기서 다윗은 연극을 하는 것도 아니고 자신의 의로움과 원수들의 악랄함을 비교하고 있는 것도 아니다. 그는 금식하며 기도하고 있다. 다윗을 비롯해 성경에 등장하는 사람들은 오늘날 그리스도인들이 찬양 중에 손을 올리거나 무릎을 꿇고 회개 기도를 드리는 것처럼 **온몸**으로 기도를 드렸다. 존 골딩게이(John Goldingay)는 내가 좋아하는 시편에 관한 어느 책에서, 다윗의 비통함이 몸의 행위(시편 35편의 경우는 금식)로 이어지기 전까지는 온전한 슬픔이 아니었다고 해석했다. "시편 기자들은 단순히 슬픈 감정을 느끼는 것만으로는 뭔가 부족하다고 여긴 것 같다. 인간은 정신과 영뿐만 아니라 육체를 가진 존재로 창조되었기 때문에 음식을 먹지 않음으로써 몸과 마음에 고통을 주어 슬픔을 표현하는 것이 어찌 보면 당연한 일이다."[1]

자, 그럼 몇 세기를 건너뛰어 이사야 선지자의 경우를 살펴보자.

이사야: 남을 위한 행동

고대 이스라엘 백성들 사이에서 금식은 다른 영성 훈련들과 마찬가지로 자기 의와 자아 도취의 행위로 변질되기가 쉬웠다. 하나님은 이사야 선지자를 통해, 다른 이들을 불쌍히 여기는 마음이 없는 금식은 결코 제대로 된 금식이 아님을 분명히 하셨다. 이사야는 다음과 같이 일련의 질문들을 던짐으로써 금식의 본질을 선포했다.

> 내가 기뻐하는 금식은,
>   흉악의 결박을 풀어 주며
>   멍에의 줄을 끌러 주며,

압제당하는 자를 자유하게 하며

   모든 멍에를 꺾는 것이 아니겠느냐?

또 주린 자에게 네 양식을 나누어 주며,

   유리하는 빈민을 집에 들이며

헐벗은 자를 보면 입히며, 또 네 골육을 피하여

   스스로 숨지 아니하는 것이 아니겠느냐? (사 58:6-7)

이 말씀은 금식에 관한 모든 가르침의 핵심이 되어야 한다. 각 세대마다 이사야 같은 사람들이 일어나서 "여러분, 금식은 우리 자신을 위해 하는 것이 아닙니다! 우리가 먹지 않은 것으로 다른 사람들을 도와주어야 합니다!"라고 외쳐야 한다.

자, 이제 천 년 정도 건너뛰어 보자.

초대교회 교부들: 거룩한 리듬과 육체의 훈련

기독교 정통 교리를 입안한 교부 중 한 사람이자 매우 경건한 성자였던 성 아타나시우스는, 교회력을 따르는 거룩한 리듬의 힘을 아는 사람이었다. 교회력은 죄에 대한 애통함(금식)과 하나님 은혜에 대한 감사(축제)로 이루어져 있다. 그는 교회력을 따르는 삶에 대해 이렇게 말했다. "때로는 금식하도록 부름받을 때

가 있고 축제를 열도록 부름받는 때가 있다."²⁾

성 아타나시우스와 거의 동시대를 살았던 성 아우구스티누스는 또 다른 영역에서 금식의 진가를 인정했다. 그에게 금식은 그리스도인이 유혹을 이겨낼 수 있는 중요한 방법 중 하나였다. "잘못된 쾌락에 굴복하지 않고 올바른 즐거움을 누리기 위해서는, 때때로 육체가 누리는 즐거움을 제어할 필요가 있기 때문이다."³⁾

교회력을 따르는 거룩한 리듬과 죄의 욕망을 거스르는 훈련이라는 이 두 개념이야말로, 기독교 역사상 금식을 이해하는 가장 핵심적인 개념일 것이다. 자, 그럼 또 다시 천 년의 세월을 건너뛰어 보자.

장 칼뱅과 앤드류 머레이: 내적 결단을 표현하는 방식

장 칼뱅의 「기독교 강요」(*Institutes of the Christian Religion*)는 기독 교회 개혁주의의 신학과 영성의 기틀을 마련한 책이다. 칼뱅은 주의를 산만하게 하는 것들을 피하고 경건에 집중하는 것을 중요시했는데, 심각한 사안으로 기도하는 경우에 있어 금식의 중요성을 다음과 같이 역설했다. "중요한 문제를 놓고 기도할 때는 금식을 병행하는 것이 좋다. 금식은 마음을 더욱 간절하게 하고 기도에 전념하게 해준다.…배가 잔뜩 부른 상태에서 하나님께 집중하기란 쉬운 일이 아니다."[4]

남아프리카 케이프타운의 걸출한 개혁주의 목사이자 따뜻한 복음주의적 경건을 통해 큰 영향력을 끼쳤던 앤드류 머레이(Andrew Murray)는 금식에 대해 이렇게 말했다. "금식은 우리가 하나님 나라를 얻기 위해 그 어떤 것도, 심지어 나 자신까지도 바칠 준비가 되어 있다는 결단을 표현하고 또 확고히 하도록 도와준다."[5]

우리 마음속의 결단과 간절한 소망을 하나님 앞에 표현하는 방식이라는 개념은 금식에 대한 이해의 중요한 부분을 차지한다.

아달베르 드 보궤: 영성 수련의 기쁨

이탈리아의 위대한 수도사 성 베네딕트는 「베네딕트회 규칙」(Rule)을 쓰면서 금식을 포함시켰고, 그가 만든 수도원 전통은 오늘날 금식에 대한 인식을 형성하는 데 큰 몫을 담당했다. 로마가톨릭 수도원 전통이 전해 주는 금식에 대한 표현 중에서 나는 아달베르 드 보궤(Adalbert de Vogue)가 한 말을 가장 좋아한다. 그는 베네딕트회 수도사로서 수십 년간 금식을 실천하며 살았고, 「금식을 사랑하는 법」(To Love Fasting)이라는 다소 놀라운 제목의 책을 썼다. 그가 금식을 통해 몸을 훈련하며 배운 것들은 우리에게 귀중한 교훈이 된다. "금식은 내게 더 이상 억지로 하는 고행이 아니라 즐거움이며, 내 몸과 영혼이 꼭 필요로 하는 것이다. 내가 금식을 자발적으로 하는 것은, 그것을 좋아하기 때문이다."[6]

최근 들어 금식이 하나의 유행이 되고 있는데, 그래서 이번에는 금식에 대한 오늘날의 관점들을 간략히 소개해 보겠다.

금식에 대한 오늘날의 관점

아마도 달라스 윌라드(Dallas Willard)만큼 온몸의 활동으로서의 금식이라는 개념을 제대로 복원해 낸 사람은 없을 것이다. 철학 교수이자 영성 훈련에 관한 깊이 있는 책들을 쓴 작가인 그는, 금식을 설명하기 위해 다윗과 성경 말씀으로 우리를 데려간다. "그러나 그리스도 안에서 살아가는 새로운 삶이란 단순히 변화된 믿음과 상상력으로 사는 내적 삶에 국한되지 않는다. 그가 아무리 영적으로 깊이 고취된 상태라 할지라도 말이다. 진정으로 새로운 삶이란, 사회적 상황 속에서 자신의 변화된 내면을 온전히 구현하며 살아가는 것을 의미한다."[7]

침례교 목사인 존 파이퍼(John Piper)도 금식이란 온몸으로 하나님에 대한 굶주림을 느끼는 것이라고 말했다. 그는 옛 성인들이 금식을 실천하는 사람들이었음을 강조했다. "그들은 하나님의 인도하심에 대한 갈망으로 굶주려 있었고, 단순한 마음의 굶주림이 아닌 몸의 굶주림을 통해 그 갈망을 표현하고자 했다."[8]

금식은 우리에게 기쁨을 줄 뿐만 아니라, 삶을 변화시키는 방식으로 우리를 깊은 수준에서 해방시킨다. 로마가톨릭 사제인 토머스 라이언(Thomas Ryan)은 금식으로 하나님의 은혜의 문을 두드릴 수 있다고 말했다. 그는 「거룩한 금식의 기술」(*The Sacred Art of Fasting*)이라는 책에서 "흔히들 우리가 변해야만 하나님이 우리를 사랑하실 것이라고 생각한다. 하지만 그렇지 않다. 하나님이 우리를 사랑하시기 때문에 우리가 **변할 수 있는** 것이다. 금식과 같은 참회의 수련과 훈련은 은혜로 받은 자유를 삶 속에서 실제로 누릴 수 있게 해준다"[9]고 쓰고 있다.

이와 같은 금식에 대한 수많은 그림들을 가장 잘 종합한 사람은 아마도 에이미 존슨 프라이콤(Amy Johnson Frykholm)일 것이다. 그녀는 이렇게 결론내리고 있다. "금식의 세 가지 핵심은 주의 기울이기와 긍휼과 자유다."[10]

A→B→C

금식에 대한 증언들이 이렇게 많은데 더 할 말이 있을까?

당연히 있다. 이제부터는 내가 제시하고 싶은 금식의 정의를 가지고, 금식의 진정한 의미와 그리스도인들 사이에서 금식이 잘못 인식된 이유를 설명해 보겠다.

"금식은 인생의 비통하고 엄숙한 상황에 대한 자연스럽고도 불가피한 반응이다."

나는 금식이 **자연스러운** 행동이라고 믿는다. 누구나 비통함에 잠겨 있을 때는 먹고 마시려고 하지 않는다. 또한 인생에서 엄숙한 때를 맞을 때 금식은 **불가피한** 행동이다. 가장 중요한 것은, 금식이 **비통하고 엄숙한 상황에 나오는 반응**이라는 점이다. 다음 장에서 좀더 구체적으로 설명하겠지만 성경에 나오는 인물들은 인생의 비통한 순간, 이를테면 죽음이나 죄가 드러난 순간, 국가적 위기의 순간에 금식으로 반응했다.

이처럼 금식은 인생의 비통하고 엄숙한 때에 나타나는 지극히 자연스럽고도 당연한 반응이다. 그렇다면 금식을 해서 좋은 결과를 얻을 수 있는가? 그렇다. 하지만 어떤 결과를 얻기 위해 금식을 하는 것은 옳지 않다. 나양한 상황에서 금식했던 사람들이 기도 응답과 같은 어떤 결과를 얻기도 했지만, 금식할 때마다 항상 어떤 결과가 있었던 것은 아니다! 결과에만 관심을 집중한다면 금식을 완전히 잘못 이해하게 된다.

금식은 A→B→C라는 틀에 맞추어 생각해야 한다. 기독교의 금식을 올바로 이해하기 위해서는 먼저 비통하고 엄숙한 상황인 A에서 출발해야 한다. 그리고 그런 상황은 B라는 자연스러운 반응을 불러온다. (여기에서 B는 금식을 의미한다.) 그렇게 엄숙한 상황에 충만한 힘이 깃들 때, 비로소 금식으로 인한 결과 C가 생겨나는 것이다. 그리고 물론 그 결과를 항상 얻는다고 말할 수도 없다.

중요한 것은, **금식은 '결과를 이끌어내는 수단'이 아니라는 사실**이다. 하지만 교회 내에서 이루어진 금식에 대한 그 어떤 논의들 속에서도 나는 이런 이야기를 들어 볼 수 없었다. 오랜 기독교 전통이 말해 주는 금식은 그 초점이 B에서 C가 아니라 A에서 B로 움직인다. 금식은 엄숙한 상황에 대한 **반응**일 뿐 결과를 얻기 위한 수단이 아니다. 기독교 전통에서 금식의 핵심은, '금식하면 **어떤 결과를 얻을 것**이다'가 아니라 '**이런 일이 일어날 때 하나님의 백성은 금식한다**'는 것이다. 금식은 매우 심각한 상황에서 나오는 자연스런 반응이지 더 좋은 결과를 얻기 위한 의도적인 행위가 아니다. 이해를 돕기 위해 몇몇 사례들을 표로 정리해 보겠다.

A	B	C
엄숙한 상황	금식	결과
죽음		생명
죄		용서
두려움	금식으로 반응	안전
위험		소망
결핍		채워짐
질병		건강

오늘날 많은 사람들이 C칸에 있는 것들을 원한다. 옛 성인들이 금식을 할 때도 그에 대한 결과가 뒤따랐으니 우리도 원하는 것을 **얻기 위해** 금식을 해야 한다고 생각한다. 바꿔 말하면 자신이 원하는 결과나 보상을 얻기 위해 금식을 하려는 것이다. 그런 사람들에게 금식은 하나의 '수단'이다. 무언가 절실히 필요할 때 꺼내 쓰는 도구에 불과하다. 그와 같은 사람들은 금식함으로써 자신들의 필요가 채워지는 경험을 하면, 사람들 앞에 서서 더 열심히 금식하면 더 좋은 결과를 얻게 될 것이라고 외친다. 즉 **금식하면 좋은 결과를 얻는다**는 것이다.

하지만 성경을 연구해 보면, 이런 도구적 관점과는 다른 이야기가 나온다. 성경은 금식을 단지 반응적 관점에서만 이야기할 뿐이다. 비통하고 엄숙한 상황에 깊이 젖어들어 자연스럽게 금식을 하게 된 사람들은, 그 순간 **이 세상에서 하나님이 행하고 계신 일과 온전한 일치를 이루었고, 그로 말미암아** 원하는 결과를 얻을 수 있었다. 그들은 어떤 결과를 얻기 위해 금식을 한 것이 아니라 다만 엄숙한 상황에서 나온 **반응으로서** 금식을 했다. 상황 A로 인해 금식 B를 실행에 옮겼을 뿐, 결과 C를 얻기 위해 B를 실행에 옮긴 것이 아니었다.

여기서 중요한 결론을 내릴 수 있다. 상황은 무시하고 오로지 결과에만 집착하는 금식은 진정한 기독교적 영성 훈련이 아니라 결과를 조작하는 수단일 뿐이다. 오늘날 그리스도인들 사이에서 일어나는 금식 논의는, 금식을 필요로 하는 상황에 대한 것이 아니라 대부분 금식으로 얻는 결과에 대한 것뿐이다.

금식에 대한 성경적 정의에 내포된 또 하나의 중요한 전제는, 인간의 몸과 영혼이 하나로 연결되어 있다는 사실이다. 앞서 언급한 다윗 왕과 달라스 윌라드는 금식을 온몸의 행위로 보았다. 온몸의 행위로서의 금식의 정의는 내가 이후에 언급할 **몸의 이미지**(body image)와 깊은 관계가 있다. 그리스도인의 영성 훈련에서 금식에 대한 인식이 가장 잘못된 이유는, 영과 육이 연결되어 있다고 보았던 고대의 지혜가 이원론으로 인해 사라지거나 왜곡되었기 때문이다.

1장
금식과 몸의 이미지

기독교에서 인간의 몸은 끊임없는 논란의 대상이었다.

교회 역사 가운데 그리스도인들이 몸과 욕망을 원수처럼 여겼던 때가 있었고, 과거 몇 년 동안은 '몸이 영성과 무슨 상관이 있는가?'에 대한 논의가 일어나기도 했다. 그러나 요즘은 **몸으로 표현하는 영성**에 대한 관심이 늘어나고 있다. 그리스도인 청년들은 하나님께 경배할 때 손을 들거나 눈을 감으며, 촛불이나 성상과 같은 것에서 영적인 힘을 발견한다. 어떤 교회는 무릎을 꿇고 기도할 수 있는 무릎 방석을 설치하고 있으며, 연극, 그림, 공예 등의 창조적 은사들을 적극 활용하도록 권면하는 교회도 있다. 그리고 그와 함께 금식에 대한 관심도 늘고 있다.

대체 이런 현상이 왜 생겨난 걸까? 성공회에서 가톨릭으로 개종한 복음주의자 토머스 하워드(Thomas Howard)는 이런 말을 했다. "우리는 신학적으로 인정하든 안 하든 모두가 성찬을 중요시하는 성례전주의자들이다. 우리는 모두 육체적으로 과거와 접

촉하는 것을 좋아한다."[1] 실제로 몸으로 영성을 표현하는 일들이 일어나고 있다(더 정확히 말하면 부활하고 있다). 우리는 **몸을 사용해서 아주 구체적이고 가시적이고 육체적이고 감각적인 방법으로** 하나님께 경배하고 하나님에 대한 사랑을 표현한다. 인간의 마음 깊은 곳에는 몸으로 '영성을 행하고' 싶은 욕구가 있다.

바로 이런 면이 금식을 하는 데 있어 문제를 야기한다. 금식은 몸으로 하는 일이다. 우리는 촛불이라든가 성화, 기도 방석에는 익숙하지만 온몸으로 예배하고 기도하는 일에는 어색하다. 솔직히 말해서, 몸으로 표현하는 영성은 서구 사회의 그리스도인들이 많은 노력을 기울여야 할 부분이다. 우리는 몸에 관한 한 문제가 많은 사람들이다. 나는 금식을 **몸의 언어**라고 생각하는데, 그것은 몸에 대한 이미지에서 나온 말이다. 몸과 영혼이 통합된 건강한 몸 이미지가 바르게 정립되지 않는 한 몸의 언어인 금식도 제 역할을 할 수 없을 것이다.

거듭 말하지만, 이 책을 쓴 목적은 몸과 영혼을 다시금 결합시켜 인생의 엄숙한 시기에 자연스럽고 불가피한 금식의 반응이 나타나도록 이끌기 위함이다. 우리는 살면서 그와 같은 순간을 종종 맞이하지만 금식으로 반응하지 않는다. 그 이유는 금식이 자연스럽지 않기 때문이다. 왜 그렇게 되었을까? 바로 영성과 몸의 연관성을 제대로 인식하지 못해서다. 설사 그 연관성을 인식하고 있거나, 혹은 인식하기 원하는 그리스도인이라도 해도 자연스럽게 금식에 몸을 적응시키기까지는 시간이 걸린다. 금식이 몸과 영혼의 본질적인 결합에서 비롯되는 행동이라면 서구 문화가 지녀 왔던 몸 이미지들을 간략하게나마 살펴보는 것이 좋을 것이다. 먼저 성경이 몸과 영혼의 유기적인 통합성에 대해 어떻게 말하고 있는지부터 살펴보도록 하자.

성경에 나타난 몸의 이미지: 유기적인 통합체

현대인에게 무엇보다 놀라운 것은, 성경에서 몸이 무척 중요한 위치를 차지한다는 사실이다. 고대 이스라엘 백성들과 초기 그리스도인들은 몸으로 '영성을 행했다.' 하지만 교회 역사가 진행되어 오면서 이러한 몸의 중요성은 놀라울 만큼 하찮게 되어 버렸다. 성경을 빠르게 훑어보아도, 우리는 성경이 말하는 바를 분명히 알 수 있다. 바로 '인간은 유기적인 통합체'라는 사실이다.

성경에는 인간을 지칭하는 특정한 용어들이 다양하게 나오며, 때로는 그 용어들이 서로 중복되기도 한다.[2] 고대 이스라엘인들이 제시해 준 여러 단어 목록 중에서 인간 이해에 가장 큰 도움을 주는 단어는 바로 창세기 1:27에 나온다.

하나님이 자기 **형상**,

곧 하나님의 **형상**대로 사람을 창조하시되

남자와 여자를 창조하시고

이 말씀에서 보듯이 인간은 하나님의 '형상'(images)이다. 이 단어에 해당하는 헬라어 원어는 '에이콘'(Eikon)이며, 나는 이 헬라어를 더 선호하는 편이다. 우리는 하나님의 '에이콘'으로서 하나님을 이 땅 위에 드러내고 하나님을 위해 이 세상을 다스린다. 또한 우리는 하나님을 비롯해 자기 자신과 다른 사람들 그리고 이 세상과 관계를 맺으며 살아간다. 하나님의 '에이콘'이 된다는 것은, 바로 이와 같이 다스리고 관계 맺는 역할을 수행한다는 뜻이다. 그리고 우리는 이 역할을 몸으로 행한다. 마치 다이아몬드처럼, 육체의 모습으로 나타나는 에이콘은 마음과 정신, 혼과 영과 육체 등 다면적인 요소로 이루어진 **유기적인 통합체**다. 다이아몬드에서 모든 면들이 제 위치에 있어야 빛이 굴절되듯, 인간도 모든 요소가 있어야 비로소 인간으로 살아갈 수 있다. 그러나 인간은 영적 생활에서 몸의 역할을 지나치게 축소해 버렸고, 그 결과 금식도 매우 부자연스러운 일이 되어 버렸다

성경에는 인간의 이러한 다양한 면을 묘사하는 용어들(에이콘을 지칭하는 다양한 용어들)이 나온다. 여기서 각각의 용어들을 아는 것도 중요하지만, 그것들이 유기적인 통합을 이루고 있다는 사실을 인식하는 것이 더 중요하다. 먼저 히브리 성경(구약)에서,

인간이라는 유기적인 통합체를 이루는 다양한 차원들을 기술하는 용어들을 살펴보자.

영혼(*nepesh*)
육체(*basar*)
영(*ruach*)
마음(*leb*)

다음은 신약에 나오는 용어들이다.

마음(*kardia*)
영혼(*psyche*)
육체(*sarx*)
몸(*soma*)
정신(*nous*)
영(*pneuma*)
의지(*thelema*)

거듭 말하지만, 성경에서 이 모든 측면들은 유기적인 통합체를 이루며 함께 기능한다. 에이콘은 이와 같은 각각의 측면들로 이루어지면서, 동시에 하나의 통합된 인격이다. 그런데 우리는 이 다이아몬드를 두 조각으로 나누어서 좋은 쪽과 좋지 않은 쪽으로 구분하고, 에이콘의 다양한 측면들을 그 두 가지 범주, 즉 '몸'과 '영혼'이라는 범주에 각각 소속시켜 버렸다. 여기서 몸의 범주에 들어가는 것들은 그다지 좋지 않은 것이고, 영혼의 범주에 들어가는 것들은 선하고 영원하다. 에이콘(혹은 인격)을 그런 식으로 구분한 이후로 금식은 인간에게 매우 어려운 일이 되었다. 금식은 육체적인 일이기에 '몸의 범주'에 해당하고, 따라서 중요하지 않다. 에이콘을 두 범주로 나눈 아래 도표를 보자.

몸	영혼
몸	영혼
육체	정신
마음	의지
이 땅의 삶	영원한 삶
금식	금식하지 않는 삶

앞서 말했듯 금식이란 엄숙한 상황에 유기적 통합체로서의 인간이 드러내는 자연스런 반응이기에, 몸을 덜 중요한 부분으로 취급하는 순간 금식의 가치를 볼 수 있는 눈도 잃어버리고 만다. 만약 금식이라는 기독교 전통의 깊은 차원을 다시금 발견하고 싶다면, 반드시 '몸'과 '영혼'으로 나뉜 두 범주를 결합시켜야

한다. 그렇게 할 때에만, 우리는 인생의 엄숙한 시기를 제대로 대면하고 **자연스럽게** 금식할 수 있을 것이다.

그러기 위해서 가장 시급한 일은, 몸에 대한 건강한 이미지를 다시 그려 내는 것이다. 왜냐하면 몸과 영혼을 분리하는 이원론이 효모처럼 우리가 하는 모든 일에 스며들어 있기 때문이다.

오늘날의 몸 이미지

나와 당신은 원하든 원치 않든, 그리스도인이든 그리스도인이 아니든 상관없이 몸에 대한 교회의 잘못된 관점을 물려받았다. 이 이원론은 서양인 DNA의 한 부분이 된 것이다. 서구식 사고방식을 가진 사람들은 몸과 영혼의 분리되지 않는 유기적 통합을 받아들이는 데 늘 어려움을 겪어 왔다. 반복하자면, 우리는 인간을 영혼과 몸으로 잘라냈고, 영혼은 영원불멸하고 몸은 유한한 것으로, 따라서 몸은 궁극적으로(영원히) 무가치한 것으로 여겼다.

이와 같은 사고방식으로 무장해 있으니 몸과 영혼이 서로 조화롭게 기능할 리가 없을 것이다. 오늘날 우리가 가진 몸 이미지는 흔히 네 가지로 정리해 볼 수 있겠다. (1) 정복해야 할 괴물, (2) 찬미의 대상, (3) 풍요의 뿔, (4) 부차적인 장식품 등이다. 각각의 이미지들은 금식 실천의 여부를 결정하고, 한다면 왜 그리고 어떻게 해야 하는지를 결정짓는 요인이 된다.

정복해야 할 괴물. 어떤 사람들은 몸을 욕망의 괴물로 여기고, 영혼으로 몸을 다스려서 원치 않는 욕망을 제압해야 한다고 생각한다. 우리는 그런 사람들을 금욕주의자라고 부른다. 이런 사람들에게 금식은 몸의 욕망을 제어하는 수단이 된다. 그리고 극단적인 금욕주의로까지 나아가게 된 사람들은 자신의 모든 욕망을 억누르는 데 집중한다. 이런 부류의 사람들은 순결과 거룩과 예배에 자신을 바치고, 영적 생활은 오로지 다가올 하나님 나라에 집중되어 있다. 이런 관점을 가진 사람들 중에 어떤 이들은 성자가 되었지만, 음식을 거부하고 굶어죽은 사람도 있다.

찬미의 대상. 어떤 사람들은 육체를 찬미의 대상으로 생각한다. 이와 같은 몸 이미지는 현대판 나르시시스트가 되게 하며, 개인주의나 개인적 자유와 행복에 몰두하게 만든다. 그들은 날씬한 몸매와 매력적인 엉덩이, 최신 의상과 헤어스타일, 최신 안경테에 목매달고 늘 거울을 들여다보며 사는 사람들이다. 이런 사람들을 통해 금식은 세속화되어 다이어트로 변질되고, 몸을 매력적으로 유지하는 전략이 된다. 이런 부류의 사람들 중에도 성인으로 추앙받은 사람들이 있지만, 인생을 제대로 살지 못한 채 자기 영광을 좇아 살다가 생을 마감한 사람들이 더 많다.

풍요의 뿔. 풍요의 뿔(cornucopia)이란 먹음직스러운 과일과 온갖 산해진미로 가득 찬 뿔 모양의 장식품이다. 몸을 이와 같은 풍요의 뿔로 여기는 이들은 현대판 쾌락주의자이며, 금식을 해야 할 하등의 이유도 없다. 오로지 육체적 쾌락과 식도락, 미식가적 취향, 값비싼 음료, 최고급 레스토랑에 집착하는 그들은 음식을 무척 사랑한다. 프레더리커 매튜스 그린(Frederica Mathewes-Green)은 이것을 '중독성 있는 쾌락'이자 작고 '귀여운 죄'라고 말했다.[3] 이들은 자신의 마음을 뱃속에 구겨 넣는 사람들이며, 영성도 건강과 부와 쾌락에서 비롯된다. 쾌락주의자들은 금식하는 사람들을 흥을 깨뜨리는 자나 고행자로 단정 짓고, 금식으로 천국행을 보장받으려 한다고 비난하기도 한다. 쾌락주의자들 가운데 성인으로 추앙받은 사람들도 있지만, 어떤 사람들은 죽기까지 먹기만 했다.

부차적인 장식품. 육체에 별다른 관심이 없는 사람들은 육체를 부차적인 장식품쯤으로 여긴다. 그들에게 금식은 외국 종교에서나 보는 희한한 관습에 지나지 않는다. 이런 사람들은 신영지주의자로서, 몸은 껍데기에 지나지 않고 오직 내면의 영혼, 특히 정신만이 중요하다고 생각한다. 육체를 부차적인 것으로 보는 사람들은 영적 생활과 말씀 묵상, 명상, 사색, 심지어 육체를 벗어나는 신비한 체험에 몰두한다. 그들은 몸과 세상 너머에 있는 하늘나라에만 시선을 맞추고 살아간다. 이들 중에도 성인이 된 사람들이 있지만, 대부분은 온몸으로 주님을 따르는 강력히 헌신된 삶을 살지 못했다.

몸의 언어로서의 금식

금욕주의자들은 비통하고 엄숙한 시간을 맞이하게 되면 내면으로 숨어 절대 나오려고 하지 않는다. 나르시시스트들은 아무 일도 일어나지 않은 것처럼 가장한다. 쾌락주의자들은 다른 일로 관심을 돌려 버리고, 신영지주의자들은 '세속적인 일'로 여기면서 아예 관심을 두지 않는다.

나는 이 책에서 금식이 몸의 언어라는 사실을 강조하는데, 금식을 포함해 온전히 통합된 영적 삶을 발전시키기 위해서는 유기적인 통합체로서의 몸 이미지가 반드시 필요하기 때문이다. 20세기의 가장 영향력 있는 지도자였던 교황 요한 바오로 2세는 박식한 신학자이기도 했는데, 그의 신학적 업적이 가장 탁월하게 드러나는 책이 바로 「하나님이 창조하신 남자와 여자」(Man and Woman He Created Them)[4]라는 책이다. 그는 이 책에서 우리의 몸이 삼위일체 하나님이 서로 주고받는 모습을 반영한다고 주장했다. 우리의 몸과 몸으로 하는 일들은 인간이 창조된 핵심적인 목적 즉 하나님을 사랑하고 이웃을 사랑하는 그 목적을 가시적으로 드러낸다는 것이다.[5] 비록 금식에 대한 내용은 아니지만, 이 책은 기독교적인 몸 이미지를 이해하는 데 큰 영향을 끼친 중요한 책 중 하나다.

그렇다면 당신이 가진 몸 이미지는 앞에서 말한 네 가지 중

어디에 해당하는가? 나도 한 번 대답해 보겠다. 사실 나는 몸을 부차적인 장식품으로 여기는 쪽인데, 실제 삶을 보면 몸을 풍요의 뿔로 여기는 것 같다. 체중이 좀 나가는 편이면서도, 생활 습관을 바꿀 정도로 근본적인 변화를 시도할 생각은 별로 없으니 말이다. 한때 내 몸을 찬미의 대상으로 여겼던 적도 있었는데, 바로 고등학교 시절이었다. 그때 나는 프로 운동선수를 꿈꾸며 여느 청소년과 다름없이 내가 운동에 소질이 있고 잘생겼다는 착각에 빠져 있었다. 지금은 그때만큼 몸에 관심이 없고 그것을 부차적인 장식품으로 여기는 척하지만, 실제로는 내 몸이 풍요의 뿔인 양 음식물로 꽉꽉 채우며 살고 있다. 그러므로 나야말로 이 책을 읽어야 할, 이 책이 절실히 필요한 사람 중 한 명이라 할 수 있겠다.

우리가 자신의 몸을 어떻게 인식하는가 하는 것은 매우 중요한 문제다. 그러므로 우리는 거울을 깊이 들여다보고 마음속을 들여다보며, 자신이 어떤 몸 이미지를 가지고 있는지를 스스로 질문해야 한다. 우리가 가진 몸 이미지가 바로 우리의 영성을 들여다보는 창문이 된다.

내가 말하고자 하는 논지는 아주 단순하다. 몸과 영혼과 영과 정신을 하나로 보는 통합적 인식은 몸을 끌어안는 영성을 창조한다는 사실이다. 그런 인식을 가진 사람에게 금식은 매우 자연스러운 것이다. 금식은 우리의 영혼이 갈망하는 바를, 우리의 정신이 진리라고 믿는 바를 몸으로 표현하는 언어다. 단순히 영혼 혹은 정신을 상징적인 방식으로 표현한다는 뜻이 아니라, 전인격을 온전히 표현한다는 뜻이다. 금식은 인간이 자신의 전 존재를 온전하게 표현할 수 있는 중요한 하나의 방법이다. 성경은 인간을 영혼과 정신과 마음과 몸의 통합체로 보기 때문에, 몸의 언어로서의 금식을 필연적인 행위로 간주한다.

기억해야 할 것은, 몸에 대한 이런 통합적 인식을 회복하기 전까지는 인생의 엄숙한 때에 자연스럽게 행하는 일상적인 금식도 결코 회복되지 않을 것이라는 점이다. 요즘의 그리스도인들이 금식을 잘 하지 않는다고 걱정하는 사람들이 많은데, 개신교뿐 아니라 가톨릭 쪽에서도 이와 같은 우려의 목소리가 들려오고 있다. 그들은 이렇게 주장한다. "성경에도 금식하라고 쓰여 있고 교회도 전통적으로 금식을 해 왔으니 그리스도인들은 당연히 금식의 전통을 따라야 한다. 그것이 고대로부터 전해 온 기독교 영성의 본질이다."

그러나 나는 이것을 의지의 문제라고 보지 않는다. 문제는 몸의 이미지다. 근본적으로 몸에 대한 인식이 잘못되어 있는 것이 그 요인이라고 믿는다. 현대 그리스도인들에게 금식을 권하는 것은 뒷마당에 있지도 않은 젖소에서 우유를 짜내라고 말하는 것과 똑같다. 현대인들의 영성 개념에는 몸에 대한 인식이 아예 없다. 그들에게 금식을 아무리 권고해도 몸과 영혼의 연관성을 제대로 이해하기 전까지는 아무 반응이 없을 것이다. 그리고 만약 그와 같은 개념이 제자리를 잡았다면, 앞서 말한 A→B→C의 순서를 각인시켜 줄 필요가 있다. 비통하고 엄숙한 상황이 오면, 금식으로 반응하고, 그 후에 결과를 기대해야 한다. 캐슬린 듀건(Kathleen Dugan)은 "기독교 신앙에서 금식은 몸의 신성함을 깨달을 때에야 비로소 그 본래의 의미를 갖게 된다"[6]고 말했다.

최근 한 부부가 내게 사순절 기간 동안 물 이외에 다른 음료는 전혀 마시지 않기로 했다고 말했다. 그 부부의 이야기를 내가 가르치고 있는 노스파크 대학교 학생들에게 해주었더니, 그들의 반응은 모두 "왜요?"였다. 현대의 그리스도인에게 왜 굳이 금식을 강요해서 불필요한 인내심을 요구하는지 도무지 이해할 수 없다는 것이다. 그렇다. 몸이 우리의 영성에 얼마나 중요한지를 깨닫지 못한다면 금식은 불필요한 행위로밖에 여겨지지 않을 것이다

1부
영성과 금식

2장

몸의 언어

이 책을 쓰기 위해 자료를 모으고 연구하던 초기에, 나는 점심시간만 되면 일을 중단하고 식사를 하러 가곤 했다. 한번은 인디애나폴리스에서 온 교회 지도자들과 점심 약속이 있어서 컴퓨터를 끄고 내가 좋아하는 이탈리아 식당에 가서 근사한 점심을 먹기도 했다. 하지만 평상시에는 그냥 혼자 집에 가서 점심을 먹었다. 그러던 어느 날 늘상 먹던 칠면조 고기 샌드위치를 한 입 가득 베어 물다가, 문득 식사 도중에 금식에 대해 생각하는 나 자신이 좀 이상한 것 아닌가 하는 생각이 들었다. 금식을 하는 사람은 실제로 배가 고프기 때문에 먹는 것을 생각하기 마련이다. 그러나 먹는 도중에 금식을 생각하는 사람은 거의 없다. 그래서 나는 금식에 대한 책을 쓰는 동안에는 음식을 매일 챙겨 먹는 '위선'을 벗어 버리기로 결심했다. 그래서 이 책의 3분의 1 정도를 썼을 무렵부터는 점심을 먹지 않았다. 평소보다 음식 생각은 더 간절해졌지만 내가 쓰고 있는 글을 감각적으로 체험할 수 있었다. 나는 책을 쓰는 것이 매우 심각한 작업이라고 생각하는데, 그 심각함에 집중하게 되면서 글쓰기의 과정이 금식할 가치가 있는 엄숙한 상황으로 변화되었다.

나의 이 독특한 경험은 내가 이 장에서 말하고자 하는 핵심을 잘 보여 준다. 우리가 중요하다고 생각하고 확신하는 바를 정작 우리 몸은 하지 않는다는 사실이다. 누군가를 속이려는 의도는 아니었기 때문에, 단순히 그것을 '위선'이라고 할 수는 없을 것이다. 나는 어떤 면에서 이원론자가 되어 있었던 것이다. 머릿속으로는 금식이 중요하고 이 책을 쓰는 것이 중대한 작업이라고 생각하면서, 실제로 내 몸은 따로 움직이고 있었다. 나는 그때 금식에 대해 **생각**하고 금식의 필요성을 **확신**하고, 내 영이 금식이 선한 것이라고 말하는 것으로도 충분하다고 여겼다. 하지만 정신적 차원에서의 동의만으로는 부족했고, 글쓰기 과정을 엄숙한 상황으로 받아들여 그에 온몸으로 반응해야 할 필요를 느끼게 되었다. 그래서 이 책을 쓰는 동안 금식을 하기로 결정했고, 비로소 내 몸과 영은 하나가 되었다.

이 장에서는 기독교가 통합체로서의 인간을 어떻게 이해하고 있는지 탐구해 볼 것이다. 이 문제는 금식과 관련해 우리가 행하는 바들을 결정짓기 때문이다. 우리는 그리스도인들이 플라톤주의자나 영지주의자들과 달리 인간이 몸과 영혼과 영과 정신의 통합체라고 믿는다는 사실을 알고 있다. 아니면 적어도 그렇게 알고 있다고 생각한다. 하지만 서구적 사고방식에 젖어 있는 우리는 모든 수단을 동원하여 그 통합체를 조각내어 몸과 영혼을 분리시켰다. 플라톤의 영향을 받았던 칸트와 프로이트, 다윈과 같은 철학자들의 사상에 깊숙이 젖어 있는 세상 속에 사는 우리는, 다시금 인간이 유기적 통합체라는 사실을 되새기고, 이 사실이 금식의 의미를 어떻게 변화시키는지를 살펴보아야 한다.

유기적 통합체와 금식의 정의

1장에서 말했듯이 인간은 하나님의 '에이콘'이다. 인간을 이루는 다양한 측면들을 설명하기 위해 **영혼**, **영**, **몸**, **마음**과 같은 용어들을 사용하지만, 어떤 용어를 사용하든 인간은 하나의 유기적인 통합체이며 그 통합성을 간과해서는 안 된다.

하지만 이원론이 대두된 데는 그만한 이유가 있다. 인간은 (앞장에서 열거한) 아무리 많은 용어로 그 다양한 면들을 묘사한다고 해도 결국은 **외적인** 육체적 인간과 **내적인** 영적 인간의 양면을 지닌다. 성경은 물을 그릇에 담듯이 몸이 영을 담고 있다는 식으로 말하지 않는다. 인간은 **영**이며 동시에 **몸**이다. 즉 기독교는 인간의 **이원성**을 인정하는 것이다. 하지만 **이원론**은 인정하지 않는다. 우리는 외적인 차원과 내적인 차원을 가진 하나의 존재일 뿐 외면과 내면으로 '구성된' 존재가 아니다. 게다가 하나

(내적인 면)는 좋고 다른 하나(외적인 면)는 나쁘다는 식의 생각도 옳지 않다.[2] 이러한 인간의 이원성을 이해하는 것은 금식에 있어 대단히 중요하다.

수세기에 걸친 기독교 역사 속에서 금식의 문제는 결국 이원성이 이원론으로 변질된 데서 기인한다. 내적이고 영적인 영역이 외적인 몸의 영역을 압도하고 만 것이다. 그러면 해결점은 어디에 있는 걸까? 에이콘의 유기적인 통합을 다시 회복할 수 있을까? 나는 그럴 수 있다고 믿는다. 성경적인 금식은 물질적인 것과 비물질적인 것, 몸과 영혼, 몸과 영을 유기적이고 통합된 행위를 통해 다시금 연결하는 것과 관련된 문제다(기독교에서 영혼과 영은 구별이 모호한 개념이므로 이 책에서는 서로 대체 가능한 용어로 사용하겠다). 성경에 의하면 진정한 금식은 전인적으로 수행하는 행위다. 그러니까, 몸으로 구현된 영과 '영화된' 몸이 금식을 하는 것이다. 금식에 대한 성경적 관점을 연구했던 린 바압(Lynne Baab)은 슬픔의 표현으로서의 금식을 이야기하며 이 점을 강조했다.

사람이 큰 슬픔에 빠지면 일상적인 활동이나 평소에 느끼던 즐거움들이 전부 부질없는 일로 느껴진다. '세상이 멈췄으면 좋겠어! 사랑하는 사람이 죽었어. 너무 슬퍼서 견딜 수가 없어!'라고 외치고 싶을 뿐이다. 일상적인 것들을 멈추고 싶은 마음은 상실감과 고통에 깊이 잠겨 있다는 표시이며 그것이 곧 음식 섭취를 중단하는 행위로

드러나는 것이다.[3]

금식은 전인(全人)이 드러내는 표현이고, 전인이 내적으로 통합되어 있을 때 금식은 자연스러운 행위가 된다.

다음 설명으로 넘어가기 전에 금식에 대한 정의를 다시 떠올려 보자. 금식은 **비통하고 엄숙한 상황에 대한 자연스럽고도 불가피한 반응**이다. 자, 이제 금식이라는 단어에 살과 뼈를 붙여 보자. 금식이란 음식이나 생명을 유지시키는 그 어떤 것에도 탐닉하지 않겠다고 선택하는 행위다. 성경적 의미에서의 금식은 보통 해가 뜨고 질 때까지(12시간), 혹은 해가 지고 나서 다음날 해가 질 때까지(24시간) 음식을 먹지 않는 것을 말한다. 완전금식은 음식은 물론이고 물도 마시지 않는 것이다. 성경의 사례를 보면, 12시간 이상 금식이 지속되는 경우는 별로 없었다.

금식을 어떤 것에 '탐닉하지 않는 것'이라고 정의를 내리다 보니, 매우 다양한 적용 사례들이 생겨났다. 사순절 기간에 텔레비전 시청을 안 한다든지, 후식을 먹지 않는다든지, 일요일에 스포츠 중계를 보지 않는 것에도 **금식한다**는 표현을 사용한다. 사람에 따라서는 그것들이 좋은 훈련이 될 수 있겠지만 금식이라고 부르는 것은 결코 옳지 않다. 왜냐하면 성경은 **먹고 마시지 않는 것**만을 금식이라고 말하기 때문이다. 텔레비전을 보지 않는다든지 금요일에 향긋한 고기를 먹지 않는다든지 하는 것은 금식이 아니라 절제에 해당한다. 금식과 절제는 철저히 구별할 필요가 있으므로 이 책에서는 용어를 구분해 사용하기로 하겠다. 이 부분에서 나와 의견을 달리하는 독자도 있겠지만, 내가 성경적 근거를 추적해 가는 동안은 이 단어 사용을 용납해 주기를 바란다.

금식이란 어떤 상황이 지극히 엄숙하다는 생각이 들고 음식을 먹는 것이 그 순간의 심각함을 훼손한다고 판단될 때 일정 기간 음식을 먹지 않기로 결정하는 것이다. 이스라엘 백성이 죄를 짓고 회개의 금식을 공포했던 것은 음식을 먹는 것이 회개의 진지함을 깨뜨린다고 생각했기 때문이었다. 그들은 회개의 마음을 표현하기 위해서는 몸을 괴롭게 하는 일이 필요하다고 판단했다. 또한 전쟁 시에 나라를 위해 금식하며 기도하기로 결정한 것은 음식을 먹는 것이 나라를 위한 간절한 염원을 퇴색시킨다고 생각했기 때문이었고, 죽은 사람을 애도하며 금식할 때는 어떤 종류의 육체적 안락함이나 쾌락도 애도의 진지함을 방해한다고 생각했기 때문이었다.

어떤 순간이나 직면한 문제의 엄숙한 성격 때문에 육체를 지닌 인간이 일정 기간 육체적 즐거움을 포기하고 오로지 하나님께만 모든 신경을 집중하는 것, 이것이 바로 성경적 금식의 핵심이다. 앞서 언급한 A→B→C 형태로 돌아가자면, 금식은 엄숙한 상황에 나오는 반응이다. 이런 엄숙한 시기에 음식을 먹는 것이 그 순간에 대한 모독으로 여겨지기 때문에 금식을 하는 것이다. 성경을 읽으면서 매우 인상 깊었던 점은 금식의 상황과 관련해서 결과 C가 별로 언급되지 않는다는 것이다. 중요한 것은 C(결과)가 B(금식)의 동기가 아니었으며, B의 동기는 언제나 A(엄숙한 상황)였다는 사실이다.

자연스런 반응으로서의 금식에 대해 한 가지 더 강조하고 싶은 것은, 금식을 통해서 거룩한 하나님께 공감하게 되고, 엄숙한 상황을 대하시는 하나님의 마음을 알게 된다는 사실이다. 누군가 죽으면 하나님도 비통해하신다. 누군가 죄를 지으면, 특히 가공할 만한 큰 죄를 지으면 하나님도 애통하신다. 나라의 운명이 위협을 받을 때 하나님도 깊은 시름에 잠기신다. 더 나열하자면 끝이 없다. 중요한 것은 금식이 하나님의 관점과 슬픔에 동참하게 만든다는 점이다. 금식을 하면서 하나님이 어떤 상황을 바라보는 관점과 동일한 관점을 얻을 수 있고, 하나님과 동일하게 느낄 수 있다. 말하자면 금식은 일종의 파토스(pathos, 비극의 감정을 끌어내는 힘-역주)라고 할 수 있는데, 어떤 상황에서 하나님이 느끼시는 감정을 느끼게 만드는 힘이다. 그 점은 이후에 더 구체적으로 논의하기로 하고 일단 여기서는 금식이 엄숙한 상황에 대한 반응이지 자신이 원하는 것을 얻기 위한 수단이 아니라는 점만 분명히 하고 넘어가겠다. 누군가 금식을 한다고 하면 "그래서 어떤 일이 이루어지길 원하세요?"라고 묻지 말고 "어떤 일이 있기에 금식하나요?"라고 물어야 한다.

금식의 종류

사람들 사이에 혼동을 일으키는 중요한 문제는 바로 금식의 종류에 관한 것이다. 성경과 기독교 전통에 등장하는 기독교적 금식의 종류를 살펴보면 도움이 될 것이다.

금식. 일반적인 금식은 보통 물만 마시는 금식을 말한다. 일정 기간 동안 음식을 먹지 않고 오직 물만 마시는 것이다. 그러나 오랫동안 아무것도 먹지 않는 경우 몸에 무리가 갈 수 있으므로 물 대신 주스를 마시며 금식을 하도록 권장하기도 한다. 일정 기간 (물보다 영양이 많은) 주스만 마시는 것이다. 물 금식과 주스 금식에는 큰 차이가 있지만 여기서 그 문제를 자세히 다루지는 않겠다. 성경에서 말하는 일반적인 형태의 금식은, 일정 기간 음식이나 생명을 유지시켜 주는 어떠한 것도 취하지 않고 오직 음료만 마시는 금식이다.

절식. 음료만 마시는 일반적인 금식과 함께, 부분금식도 있다. 선지자 다니엘이 그런 형태의 금식을 했다고 해서 다니엘 금식이라고 부르기도 하는데, 몸을 훈련하기 위해 일정한 기간 맛있는 음식이나 특정한 음식(예를 들면 초콜릿, 육류, 밀가루 음식, 커피 등)을 먹지 않는 것이다. 어떤 사람들은 그 기간에 오로지 채

식만 하기도 하고 어떤 사람들은 곡류와 건조식품만 먹기도 한다. 4세기 사막 교부들과 성녀들이 그런 형태의 금식을 한 것으로 유명하다. 동방정교회의 금식은 고기와 생선, 유제품, 달걀, 기름과 술 등을 먹지 않는 것이 원칙이다. 사실 이런 부분금식은 절식(節食)이라는 용어가 더 정확한 표현이다. 절식은 일정 기간 일체의 음식을 입에 대지 않는 금식과 엄밀한 의미에서 다른 것이다.

완전금식. 금식 중에서 가장 극단적인 형태는 완전금식이다. 금식 기간 동안 음식은 물론이고 물이나 음료도 전혀 마시지 않는 것이다. 이 책의 13장은 금식으로 인한 건강상의 위험 문제를 다루고 있으므로, 혹시 완전금식을 해 보려는 사람이 있다면 먼저 13장부터 읽어 보길 바란다.

그럼 고대 이스라엘 백성과 초대교회는 어떤 형태의 금식을 했을까? 성경은 금식에 관한 매뉴얼을 제공하지 않기 때문에 확실히 알 수는 없다. 다만 저녁부터 다음날 점심 혹은 저녁까지 금식했을 가능성이 높다. 물론 아침 식사 이후부터 당일 저녁까지 금식하는 경우도 있었겠지만, 그들이 의미하는 금식은 저녁부터 다음날 저녁까지라고 보는 것이 가장 신빙성이 있다.

단순한 논리를 피하라

우리는 금식을 일상적으로 수행하는 사람들의 성스러움이나, 그런 사람들의 성공적인 신앙생활에 관한 얘기를 어디서나 쉽게 들을 수 있다. 그렇다 보니 위대한 그리스도인과 금식 간에 밀접한 상관관계를 주장하는 목소리도 만만치 않다. 금식은 사람을 고귀하게 만들며, 위대한 그리스도인이 되려면 금식을 해야 한다는 것이다. 이와 비슷한 논리적 오류는, 기도의 용사들은 금식을 하며, 바로 그 금식으로 인해 그들의 기도가 더 강력한 힘을 발휘한다는 것이다. 나는 위대한 그리스도인들과 기도의 용사들이 금식을 해 왔다는 사실에는 이견이 없다. 하지만 금식 자체가 위대한 그리스도인을 만들고 기도를 강력하게 만든다는 데는 동의할 수 없다.

금식에 대해 설교를 하거나 책을 쓰는 사람들은 그런 논리를 내세우고 싶을지 모르겠지만 그것은 앞서 말한 A→B→C 순서를 완전히 뒤죽박죽으로 만든다. 물론 금식을 했던 사람 중에 위대한 일을 성취한 사람들이 있었다. 하지만 그들은 위대한 일을 성취하기 위해 금식을 한 것이 절대로 아니었다. 다만 비통하고 엄숙한 시기의 어떤 간절함이 금식이라는 행위로 표현되었을 뿐이다. 거기서 어떤 결과가 나왔다면, 그들의 간절함에서 나온 것일 뿐 금식에서 나온 것이 결코 아니다. 그럼에도 불구하고 사람들은, 금식을 했던 성인들의 영향력을 빌려 금식의 위대한 결과만을 이야기하고 싶어 한다.

성경 말씀과 교회의 전통이 금식에 대해 어떻게 말하고 있는지를 논하기에 앞서 한 가지 일러둘 말이 있다. 나는 금식의 본보기가 될 만한 인물들의 사례를 이곳에 열거하지 않을 것이다. 왜냐하면 금식을 해야 성공하는 그리스도인이 된다는 인상을 심어 주고 싶지 않기 때문이다. 나는 금식이 비통하고 엄숙한 상황에 나오는 반응이라는 개념이 몸과 영의 결합을 촉발시키게 되기를 소망한다. 그리고 그 결합이 우리 안에 통합된 인격을 창조하고, 그 인격이 인생의 엄숙한 시기에 참으로 자연스럽게 금식으로 반응하게 되기를 간절히 기도한다.

3장

몸의 돌이킴

놀라운 것은, 성경의 인물들이 금식을 했던 가장 일반적인 상황은 죄의 고백이 필요한 엄숙한 순간이었다는 사실이다. 나는 이런 종류의 금식을 '몸의 돌이킴'이라고 부른다. 히브리 성경에서 가장 그림처럼 생생한 표현 중 하나는 회개인데, 이 단어의 히브리어 원어인 '슈브'(*shuv*)는 '돌아서다'라는 뜻이다. 따라서 회개를 위한 금식은 몸을 돌이키는 일이다. 좀더 비유적으로 이야기해 보자면, 회개는 도덕적인 '돌이킴'을 의미한다. 우리는 보통 '새 사람이 되다'(turn over a new leaf), '판국이 바뀌다'(turn the tide), '달아나다'(turn the tail), '고비를 넘기다'(turn the corner) 등의 표현을 사용하는데 이들이 떠올리는 이미지는 히브리어 '슈브'가 떠올리는 이미지와 동일하다.

이스라엘 사람들에게 인간은 몸과 영혼의 통합체였기 때문에 회개는 자연히 금식이라는 행위로 표현되었다. 죄에서 돌이켜 하나님께로 돌아가고, 거짓된 길에서 돌이켜 빛의 길로 들어

서고, 백성의 죄를 향한 하나님의 비통한 심정을 공감하는 그 순간은 지극히 엄숙하고 하나님의 은혜가 주어질 수 있는 가능성으로 충만한 순간이었기 때문에, 이스라엘 백성들은 그 순간에 음식을 먹지 않기로 선택했다.

현대 교회에서 이해할 수 없는 현상은, 회개와 같이 매우 엄숙한 상황에도 좀처럼 금식하는 일이 없다는 것이다. 우리가 회심하거나 세례를 받던 순간, 혹은 뜨겁게 회개하던 순간을 떠올리며 한번 생각해 보자. 주님께 돌아오는 회심의 과정만큼 회개의 금식이 적절한 순간이 또 있을까? 교회 달력에 교인들이 함께 금식하며 회개하는 날을 정하는 것은 어떨까? 교회에서 애찬이나 회식은 많이 하면서 다 함께 모여 금식하며 회개하는 날은 왜 없는 걸까? 죄를 좀더 심각하게 다루고 하나님의 비통한 심정을 공감하기 위해 개인적으로나 공동체적으로 금식하는 시간을 더 늘려야 하지 않을까? 나는 이 질문들에 모두 '그렇다'고 대답할 것이다. 은혜의 하나님 앞에 더 가까이 나아가기 위해서만이 아니라 몸과 영의 고상한 통합성을 좀더 의식하기 위해서라도 이런 질문들을 깊이 생각해 볼 필요가 있다. 지금 우리 모두에게 몸의 돌이킴이 필요한 것은 아닐까?

지금까지 이론을 다루었다면, 이제 성경에서 회개의 금식을 어떻게 실천했는지 살펴보기로 하자. 우리는 언제 전인을 다해 몸을 돌이키는 회개의 금식을 해야 하는가? 다음은 성경의 지혜에서 배운, 금식이 필요한 네 가지 상황이다.

사순절과 고난주간

하나님은 이스라엘 백성을 위해 절기를 만드시고 그들이 해마다 기념해야 할 것을 일러 주셨다. 마치 미국인들이 7월 4일을 독립기념일로 지키고 성탄절과 부활절과 위인들의 탄생일을 기념하는 것처럼 말이다. 우리의 나라와 개인의 역사가 기억 속에 늘 살아 있듯이, 하나님은 이스라엘 백성에게 중요한 사건들을 늘 기억하라고 말씀하셨다. 그들이 그렇게 기억해야 할 날들 가운데는, 하루 종일 개인과 공동체의 죄를 고백하는 회개의 날이 있었다. 해마다 모든 이스라엘 백성들은 오직 한 가지 일을 하기 위해 예루살렘에 모였는데, 바로 지난해에 지었던 모든 죄를 회개하는 일이었다.

그날은 '욤 키푸르'(Yom Kippur), 즉 속죄일이라고 불렀고, 모세는 모든 이스라엘 백성은 일곱째 달의 10일을 '속죄일'로 지키라고 명령했다(레 23:27). 속죄일에는 많은 일들이 일어났다. 이스라엘 백성들은 죄를 고백했고, 하나님은 그들의 죄를 덮어 주셨고(**덮는다**는 것은 곧 **속한다**는 의미다), 성전을 정화했고, 이스라엘과 하나님은 다시 화목한 관계를 이루었다.

이스라엘 백성들의 회개에서 금식은 필수였다. 레위기 23:27

에 의하면 모세는 이스라엘 백성들에게 "스스로를 괴롭게 하라"고 지시했다. 이것이 얼마나 중요했으면 하나님이 "이 날에 스스로 괴롭게 하지 아니하는 자는 그 백성 중에서 끊어질 것이라"(레 23:29)고까지 경고하셨겠는가! 이는 심각한 상황임이 분명했다. 더욱이 그날에 일을 하는 사람은 아예 멸절할 것이라고 말씀하셨다(레 23:30). 이쯤 되면 보통 심각한 상황이 아니다. 고대 이스라엘인들의 하루는 해질녘부터 시작하기 때문에 스스로를 괴롭히는 일은 "그 저녁부터 이튿날 저녁까지"(레 23:32)였다고 한다. 속죄일은 **완전금식**의 날이라고 말하기도 하는데, 이날은 24시간 동안 음식도 먹지 않고 물도 마시지 않았다.

레위기 23:27의 '스스로를 괴롭게 한다'는 문장에는 히브리어 '아나'(*anah*)라는 단어가 들어 있다. 그 뜻은 '자기에게 고통을 가하다', 혹은 '목구멍을 아프게 하다'이다. 대부분의 성경학자들은 이 말이 음식을 먹지 않거나 혹은 음식과 물을 섭취하지 않는다는 의미라고 해석한다. 그 외에 좀더 극단적인 조치로는, 맨바닥에서 잠을 잔다거나, 친구와 어울리지 않는다거나, 몸을 씻지 않고 기름을 바르지 않는다거나, 부부간에 성관계를 하지 않는 것 등도 포함되었으리라 추측한다. 요약하면, 이스라엘 백성은 죄의 심각성을 깨닫고 그 죄의 무게에 걸맞게 몸으로 반응하며 전인적으로 죄에서 하나님께로 돌이키기 위해 하루 종일 불편하고 괴로운 삶을 감수했다고 볼 수 있다. 하나님은 그것을 매우 중요하게 여기셨기 때문에 해마다 속죄일을 정해 이스라엘 백성을 모이게 하셨다.

앞 장에서 금식의 정의를 말할 때 거론한 세 가지 요소는 속죄일에서도 찾을 수 있다. 첫째로, 죄를 고백하고 속죄와 용서를 구하는 것은 매우 엄숙한 일이다. 둘째로, 그런 엄숙한 상황에 이스라엘 백성이 보인 반응은 육신의 안락과 즐거움은 물론 먹는 일조차 단념하는 것이었다. 세 번째로, 회개의 행위에 마음과 영혼과 정신과 영이 제각각 개입한 것이 아니라 개인의 전 존재가 회개를 했다. 욤 키푸르는 죄에 대한 하나님의 거룩한 거절에 반응하고 그분의 비애에 공감하며 금식을 통해 회개하던 날이었다.

그러면 우리는 어떠한가? 욤 키푸르가 현대 그리스도인들과 어떤 상관이 있기라도 한 걸까? 아무리 생각해 보아도, 우리가 죄에 반응하고 해마다 죄를 고백할 수 있는 날을 정해 두면 안 되는 이유가 없다. 혹자는 유대인들의 욤 키푸르를 기독교식으로 약간 변형하는 것이 좋다고 말하기도 한다. 하지만 우리에게는 그보다 더 자연스런 방법이 있다. 사순절이나 성금요일을 속죄의 날로 활용하여, 완전금식이나 자기를 괴롭게 하는 다양한 실천을 행하면서 죄로부터 돌이키고 좀더 통합된 방식으로 하나님을 대면하는 법을 배움으로써 몸과 영혼의 조화를 추구하는 것이다. 죄에 대한 부끄러움이 우리 존재의 중심에서 떠오르고 그것이 우리 양심 한가운데 깊이 박혀 있음을 발견한다면(그것이 얼마나 뼈아픈 순간인지는 대부분의 사람들이 잘 알 것이다), 그리고 몸과 영혼이 완전히 하나가 되어 있다면, 음식을 거부하고 일상의 즐거움을 포기하는 일은 자연스럽게 일어날 것이다.

현대의 그리스도인 중에도 사순절 기간 동안 현대적인 방식의 '스스로를 괴롭게 하기'를 실천하는 사람들이 많다. 어떤 사람들은 물 외에 다른 음료를 마시지 않고 어떤 사람들은 (아마도 대부분의 사람들은) 초콜릿이나 후식, 사탕, 청량음료 등을 먹거나 마시지 않는다. 이처럼 사소한 수준의 '괴롭게 하기'나 절식은, 제대로만 행해진다면 굉장히 상징적인 실천이 될 수 있다. 그것은 궁극적으로 죄라는 더 큰 주제를 깨닫게 하고 회개의 필요성을 알려 주며, 고난주간에 맛보게 될 용서의 영광스러운 기쁨으로 인도해 주기 때문이다.

하나님의 임재를 느낄 수 없을 때

많은 그리스도인들이 기도가 건조해지고 천장에 부딪혀 떨어지는 것 같은 힘든 순간을 경험한다. 아침에 일어나면 하나님이 완전히 떠나 버리신 것 같은 느낌이 들 때도 있다. 그러한 상황에서 우리가 할 수 있는 일은 무엇일까? 기독교 역사를 보며 알게 되는 것은, 민감한 사람들은 영적 침체의 시절에 하나님과 소통하기 위해 금식을 했다는 사실이다. 성경에 나오는 이가봇과 에벤에셀의 이야기는, 이스라엘 백성이 하나님의 임재를 잃어버렸을 때 엄숙한 회개로 나아갔음을 보여 준다. 그리고 그 엄숙한 상황에 올바로 반응한 그들은 하나님의 복된 임재를 회복하는 영광스러운 결과를 맞이했다. 이 이야기에서 우리가 볼 수 있는 것은 언약궤의 이미지다. 언약궤는 하나님의 임재를 상징하며, 따라서 이스라엘 백성의 이야기는 우리의 이야기가 될 수 있다.

이스라엘 건국 초기인 사무엘 시대에 성가신 적국이었던 블레셋에 하나님의 언약궤를 빼앗기는 사건이 벌어졌다. 사사로서 이스라엘 백성을 40여 년간 인도했고 당시 98세였던 제사장 엘리는, 적군의 손에 하나님의 언약궤를 빼앗겼다는 소식을 듣자마자 뒤로 넘어져서 목이 부러져 죽고 말았다. 엘리에게 언약궤는 하나님의 임재와 축복을 의미했고, 언약궤를 빼앗겼다는 것은 하나님이 이스라엘 백성을 떠났다는 얘기나 마찬가지였다. 엘리의 사망 소식을 들은 며느리는 갑자기 산통을 느껴 아들을 낳았고 그 이름을 이가봇이라고 지었다. 이가봇은 "영광이 이스라엘에서 떠났다"(삼상 4:22)는 뜻이었다.

하지만 제사장 가족에게 일어난 일이 그 이야기의 끝은 아니었다. 언약궤의 부재로 인해 하나님 축복의 부재가 현실화된 것이다. 성경을 몇 장 뒤로 넘기면 사무엘 선지자가 이 사태의 심각성을 통감하고 이스라엘 백성에게 유일하신 하나님 야웨를 경배하도록 촉구하는 장면이 나온다. 사무엘은 이스라엘 백성을 미스바에 모두 모이게 하고, 거기서 그들을 위해 기도하고, 금식하며 하나님의 부재를 슬퍼할 것을 명했다. "그들이 미스바에 모여 물을 길어 여호와 앞에 붓고, 그날 종일 금식하고 거기에서 이르되 우리가 여호와께 범죄하였나이다 하니라. 사무엘이 미스바에서 이스라엘 자손을 다스리니라"(삼상 7:6). 그날 이스라엘 군대는 블레셋 군대를 무찌르고 우상들을 격파했다. 사무엘은 그곳에 돌 하나를 세워 그 이름을 에벤에셀이라고 지었는데 그것은 "여호와께서 여기까지 우리를 도우셨다"(삼상 7:12)는 뜻이었다.

여기서 우리는 B(이스라엘 백성의 금식)→C(하나님 임재의 회복)를 떠올리고 우리도 금식을 하면 하나님의 더 놀라운 임재를 체험할 것이라고 생각하기 쉽다. 물론 그렇게 될 수도 있다. 하지만 금식의 정의를 다시 한 번 떠올려 보자. 금식은 인생의 비통하고 엄숙한 상황에 대한 자연스럽고도 불가피한 반응이다. 우리가 이가봇과 에벤에셀 이야기에서 주목해야 할 것은 금식을 함으로써 하나님의 축복을 다시 받았다는 사실보다, 사무엘과 이스라엘 백성이 언약궤를 빼앗기고 하나님의 축복이 사라진 순간에 어떻게 **반응했는가** 하는 점이다. 우리는 절대로 금식에 전제되는 A를 잊어서는 안 된다. 이스라엘 백성은 하나님의 임재를 갈망했기 때문에 금식했고, 바로 그 갈망으로 인해 하나님의 축복을 받은 것이다.

자신이 원하는 것이 아니라 상황의 비통함에 집중한다면, 우리는 이 이야기에서 중요한 교훈을 얻을 수 있다. 하나님이 계시지 않는 것처럼 느껴진다면 그때가 바로 엄숙한 때다. 이 때 우리는 하나님의 부재가 우리 안에 하나님의 임재를 향한 갈망을 창조하도록 자신을 내어주고, 금식을 통해 하나님의 부재에 반응하고 그 부재가 구체적으로 드러나도록 할 수 있다. 우리는 금식을 하나님의 임재를 회복하는 수단이 아니라, 통합된 인간이 하나님의 부재 앞에서 자연스럽게 드러내는 행동으로 보아야 한다. 우리는 C를 생각하기 이전에 A를 먼저 생각해야 한다.

자신이 죄에 가담했음을 깨달을 때

언젠가 내가 가르치는 대학교에서 예수님과 가난한 사람들에 대한 강의를 한 적이 있다. 수업이 끝나고 한 여학생이 나를 찾아왔는데, 그녀가 진지한 표정으로 내게 한 말은 지금도 잊을 수 없다. "교수님, 저는 어렸을 때부터 교회에 다녔지만 제가 얼마나 물질주의에 물들어 버렸는지, 또 저의 그런 삶이 다른 사람들에게 얼마나 큰 상처를 줄 수 있는지 한 번도 생각해 본 적이 없었어요. 이런 저 자신이 정말 싫어요." 많은 사람들이 텔레비전 프로그램이나 신문, 혹은 인터넷에서 비참하게 생활하는 사람들의 이야기를 접하고, 타인의 비참한 고통을 무시하고 안락한 삶을 살고 있는 자신에 대한 죄책감을 느낀다.

허리케인 카타리나가 걸프 연안을 강타하고 지나간 지 1년이 조금 지났을 때, 나는 스프레이로 격자무늬가 칠해져 있던 뉴올리언스 주의 어느 집에서 몇 구의 사체가 발견되는 장면을 목격했다. 그때까지도 뉴올리언스의 많은 주민들이 자신의 집으로 돌아가지 못하고 있었으며, 수만 채의 집이 비어 있고 그중에는 주인이 영영 돌아오지 못할 집도 많을 것이라고 했다. 그리고 다시 문을 열지 못한 학교들도 많았다. 뉴올리언스 침례신학교의 빌 워렌(Bill Warren) 교수는 나를 차에 태우고 근방의 장소들을 구경시켜 주었는데, 나는 그 광경에 망연자실하고 말았다. 사람들이 그토록 비참하고 열악한 상황에 처해 있음에도 그 사실을 전혀 모르고 있었던 나는, 내가 그 상황에 공범이 된 듯한 느낌을 받았다. 하지만 지역 재건을 위해 노력하는 빌 교수와 동료들, 그리고 학생들과 지역 주민들의 모습을 보고 큰 힘을 얻을 수 있었다.

그런 상황에서 우리가 할 수 있는 일은 무엇일까? 그런 비참한 상황을 보고 우리는 어떻게 반응해야 할까? 성경에서 하나님의 마음에 민감했던 사람들은 그런 상황에 처했을 때 금식을 했다. 그들이 금식한 이유는 긍휼의 마음을 더 깊이 느끼기 위해서였다. 다음 장에서 그 문제에 대해 더 자세히 이야기하겠지만, 자신의 도덕적 둔감함을 깨닫고 자신이 구조적인 악에 가담한 공범이라는 느낌이 들 때 나오는 진정한 반응은 바로 금식이다. 하지만 솔직히 고백하건대, 나는 뉴올리언스의 암담한 상황을 보고도 금식을 해야겠다는 생각이 머리에 떠오르지 않았다.

에스라와 느헤미야의 인도 아래 예루살렘으로 돌아와 성전을 재건했던 이스라엘 백성들을 생각해 보라. 에스라는 이스라엘 백성들 가운데 율법의 명백한 가르침을 어기고 바벨론의 이방인들과 결혼한 백성이 많다는 사실을 알고 깊은 시름에 잠겼고, 자신도 그것을 묵인한 공범임을 깨닫고 하나님의 전을 떠나 밤새도록 홀로 하나님께 기도드렸다. 평생 그때처럼 엄숙한 순간이 없었기에 그는 "음식도 먹지 아니하며 물도 마시지 아니" 하였다(스 10:6). 금식은 에스라 자신이 그들의 도덕적 탈선에 가담한 자임을 드러내는 명시적인 표현이었고, 백성들을 자비의 하나님께로 인도하기 위해 탈선한 백성들과 자신을 동일시하는 방식이기도 했다. 다시 말해서 에스라의 금식은 백성을 향한 하나님의 뜻에 공감하는 하나의 방식이었다. 에스라는 A→B의 형태를 따라갔다. 범죄에 가담한 자신을 깨닫는 엄숙한 순간에 금식으로 반응했던 것이다. 그의 금식은 무엇을 얻어내기 위한 것이 아니라 비통한 상황에 대한 반응이었다.

가난의 현장을 보고 자신이 그 상황을 방임한 공모자임을 깨닫는 사람들은 감정적으로 크게 동요된다. 하지만 감정적 반응을 넘어 그 상황에 대해 어떤 행동을 취하는 경우는 그리 흔한 일이 아니다. 금식은 그런 순간에 그리스도인이 취할 수 있는 매우 좋은 방법이 될 수 있다. 심각한 기근 사태를 보고 우리의 무기력한 수동성을 변화시킬 수 있는 가장 효과적인 방법도 하루를 금식하는 것이 아닐까? 금식은 가난한 사람들을 향한 하나님의 마음을 우리의 전 존재로 공감하는 방식이다.

회심과 세례

통계 자료에 따르면 서양인들은 주로 가족의 전도로 예수님을 믿게 된다고 한다. 말하자면 부모가 자신의 자녀에게 유아세례를 받게 한다든지, 어려서부터 신앙으로 자녀를 양육한다든지, 안 믿는 가족에게 복음을 전해서 교회로 인도한다는 것이다. 앤드류 그릴리(Andrew Greeley)와 마이클 하우트(Michael Hout)가 최근에 펴낸 「보수적 그리스도인에 관한 진실」(*The Truth About Conservative Christians*)을 보면 보수적인 교회들이 성장하는 주된 이유가 보수적인 신자들이 자녀를 많이 낳기 때문이라고 한다.[1] 그래서 민주당을 지지하는 친구들이 보수주의의 성장을 우려할 때면, 나는 자녀들에게 아기를 많이 낳도록 가르치라고 제안하기도 한다! 대부분의 회심이 신앙 교육을 통한 점진적인 사회화 과정을 통해 일어나게 되면서, 회개의 강렬한 실체가 역사책의 각주로 전락할 위기에 처해 있다. 이런 상황 때문에 교회에서는 회심과 금식의 관계가 끊어져 버렸다. 나 역시 자녀를 믿음으로 양육해야 한다고 굳게 믿는 사람 중 하나이며 나와 아내는 자녀들에게 믿음을 심어 주기 위해 최선을 다하지만, 자녀를 신앙으로 양육하는 분위기가 회심 과정에서의 금식의 필요성을 훼손해서는 안 된다. 세례는 몸의 돌이킴을 위한 가장 적절한 순간이다.

우리는 사도 바울의 회심 사건을 잘 알고 있다. 그는 주님을 보는 순간에 제대로 눈을 뜰 수도 없었고 온몸이 사시나무처럼 떨렸을 것이다. 바울은 다메섹 도상에서 부활하신 주님을 만난 후 사흘 동안 앞을 보지 못했다. 하지만 그런 잘 알려진 사실 외에도 사도행전의 저자는 또 한 가지 사실을 들려준다. 사울이 그 사흘 동안 "먹지도 마시지도 아니하였다"(행 9:9)는 것이다. 예수님을 본 순간은 그에게는 너무나 엄숙한 순간이었다. 그동안 자신이 하나님의 역사를 가로막고 있었다는 사실을 깊이 깨닫는 순간이었고, 자신의 죄가 얼마나 심각한지를 뼈저리게 느끼는 순간이었고, 하나님이 그의 죄를 얼마나 슬퍼하시는지를 절절히 공감했던 순간이었기에 바울은 사흘 동안 완전금식을 하며 회개할 수밖에 없었다.

회심과 금식은 초대교회 때부터 밀접한 관계가 있었던 것 같다. 1세기 후반이나 2세기 초반에 쓰인 것으로 보이는「디다케」

(*Didache*)라고 하는 초대교회 문헌을 보면 다음과 같은 내용이 나온다. "세례식을 거행하기 전에 세례를 주는 사람과 세례받는 사람 모두 금식을 하게 하라. 그들 외에도 누구든 금식을 할 수 있는 사람들은 금식하게 하라. 또한 세례받는 사람에게는 세례 받기 전 하루나 이틀간 금식하라고 지시하라"(디다케 7:4). 세례를 받는 사람만이 아니라 세례를 주는 사람도 금식했고 아울러 "누구든 금식을 할 수 있는 사람들"도 금식했다는 사실을 주목하기 바란다. 현대에 들어와서는 「로마가톨릭 성인 입교예식서」(*Roman Catholic Rite of Christian Initiation for Adults*, RCIA)가 바울과 초대교회의 모습을 반영한다고 할 수 있다. 입교 과정은 가르침(교리 교수)과 성찰(사순절 동안의 금식), 부활절 철야 미사 참여(성찬식) 등으로 이루어진다. 입교 과정을 사순절과 부활절 기간에 고정시키는 것이 다소 형식적이라는 생각은 들지만, 그래도 이 예식서가 강조하는 요소(가르침, 회개로 이끄는 성찰, 의식 참여)는 여전히 회심 과정의 핵심 요소라고 생각한다. 그리고 세심한 관찰자라면, 이 모든 과정에서 금식이야말로 가장 핵심적인 실천 사항임을 감지하게 될 것이다. 회심은 자연스럽게 금식으로 반응해야 할, 그 어떤 때보다 엄숙한 상황이다.

우리는 오늘날 기독교에 회심 과정에서 금식이 사라졌다는 사실을 심각히 여겨야 한다. 물론 지역교회마다 각각의 입장과 상황이 다르겠지만 성경 말씀이나 초대교회 전통을 볼 때 우리의 현재 관행을 다시 한 번 재고해 볼 필요가 있다.

몸의 돌이킴을 위한 호소

하나님의 백성으로서 공동체적으로나 개인적으로, 사순절 기간이나 혹은 자신의 죄를 깨달은 직후에, 죄를 회개하고 빛 되신 주님 앞에 나아가기 위해 행해야 할 엄숙한 의무를 알고 싶다면 요엘 선지자의 말씀을 읽어야 한다.

> 여호와의 말씀에,
> 　너희는 이제라도 금식하고 울며 애통하고
> 마음을 다하여 내게로 돌아오라 하셨나니.
> 　너희는 옷을 찢지 말고 마음을 찢고
> 너희 하나님 여호와께로 돌아올지어다.
> 　그는 은혜로우시며 자비로우시며
> 노하기를 더디하시며 인애가 크시사
> 　뜻을 돌이켜 재앙을 내리지 아니하시나니,
> 주께서 혹시 마음과 뜻을 돌이키시고
> 　그 뒤에 복을 내리사 너희 하나님 여호와께
> 소제와 전제를 드리게 하지 아니하실는지
> 　누가 알겠느냐?

너희는 시온에서 나팔을 불어
 거룩한 금식일을 정하고,
성회를 소집하라. (욜 2:12-15)

금식은 죄에서 돌이켜 하나님께 신실하게 헌신하는 몸의 돌이킴이다. 그것은 우리의 전 존재로 표현하는, 우리 몸에 배어 있는 몸의 언어다. 그리고 무엇보다 몸의 돌이킴은, 우리의 성경적 믿음이 죄가 드러난 순간과 회개와 회심의 순간, 용서의 치유하는 은혜를 경험하는 엄숙한 순간에 자연스러운 반응으로 드러나는 것이다.

4장

몸의 간구

요즘의 청년들을 보면 우리 때와는 전혀 다른 방식으로 예배를 드린다. 손을 들거나 춤을 추고, 몸을 흔들고, 찬양 가사의 내용을 몸으로 연출하기도 한다. 몸을 전혀 사용하지 않는 예배와 신앙적 분위기에서 자라 온 나는 사실 그런 예배 형태가 무척 거북하다. 하지만 이 현대의 젊은이들이야말로—전인적으로 하나님과 관계 맺는—인간에 대한 성경적 관점을 잘 이해하고 있지 않은가 하는 생각이 든다. 내가 믿기로, 오늘날 서구 그리스도인들 사이에서 '온몸의 영성'(whole-body spirituality)에 대한 관심이 증가하고 있으며, 최근의 예배 형태들이 바로 그 하나의 증거라 할 수 있다. 우리 세대에 '전인'이라는 것은 오직 몸의 **내부**에만, 그러니까 영혼과 정신이 있는 아주 내밀한 곳에만 존재했다. 그러나 오늘날 많은 교회에서는 내가 자라 온 세대의 예배 형식을 넘어 다양하게 몸으로 표현하는 예배를 드리고 있다. 그리고 이 이머징 세대들은 몸이 영적인 행위와 함께 융화되어 있다는 인상을 준다. 그렇다면 금식의 중요성이 널리 인식될 날도 얼마 남지 않았을 것이다. 그리고 일각에서는 이미 금식의 관행이 자리를 잡았다는 말도 들려온다.

성경을 보면 간구와 탄원의 기도에는 늘 금식이라는 행동이 동반되었다. 왜일까? 다시 한 번 말하지만, 금식은 비통하고 엄숙한 상황에 대한 반응이었기 때문이다. 이 장에서는 '몸의 간구'에 대한 성경의 가르침에 초점을 맞추기로 하고, 성경과 기독교 전통 안에서 우리 믿음의 조상들이 몸의 간구로 하나님께 나아갔던 다섯 가지 엄숙한 상황을 살펴보도록 하자.

국가적인 도덕성의 위기

제2차 세계대전 중 독일이 저지른 유대인 학살을 비롯해 르완다 대학살, 다르푸르 만행, 케냐의 폭력사태, 아프가니스탄과 이라크 전쟁 등을 보면서 우리는 가장 먼저 어떤 반응을 보여야 하는가? 아자르 나피시(Azar Nafisi)의 「테헤란에서 롤리타를 읽다」(*Reading Lolita in Tehran*, 한숲출판사)라든가 앨런 페이턴(Alan Paton)의 「울어라, 사랑하는 조국이여」(*Cry, the Beloved country*)[1] 같은 책을 읽으며, 사회적 부조리에 가담한 자신의 죄를 깨달을 때 우리는 어떻게 반응해야 마땅한가? 당신을 둘러싼 세상이 도덕적으로 붕괴되고 악과 불의가 선하고 정의로운 사람들을 집어삼

키는 것같이 보일 때 당신은 어떻게 하는가? 성경에 나오는 한 이야기는 오늘날 우리에게 그 길을 제시해 준다.

사사기 19-20장에 나오는 한 레위인(이스라엘 백성이 예배드리던 성소에서 섬기던 사람)과 그의 첩에 대한 이야기는, 하나님 백성의 도덕적 타락이 극에 달했던 시절을 잘 보여 주는 이야기다. 레위인의 첩은 유다 땅 베들레헴 사람이었고 레위인은 에브라임 사람이었다. 그런데 어느 날 아내가 자신의 원래 습성대로 간음을 행한 후 남편을 버리고 베들레헴으로 돌아갔고, 레위인은 아내를 찾아 길을 나섰다. 마침내 그녀를 찾은 레위인은 그녀를 데리고 다시 에브라임으로 돌아오고 있었다. 돌아오던 날 밤, 그들은 베냐민 지역에 위치한 기브아라는 곳에 이르렀고, 한 노인이 그들에게 잠자리를 제공했다. 레위인이 그 지역에서 머문다는 소식을 들은 기브아 남자들은 그 집으로 몰려가 노인에게 레위인과 성관계를 맺을 테니 그를 끌어내 달라고 요구했다. 다급해진 레위인은 자신의 아내를 그 남자들에게 내주었고 그들은 밤새도록 그녀를 무자비하게 강간했다. 여인은 간신히 그 노인의 집까지 돌아왔지만 결국 문 앞에서 쓰러져 버렸다. 레위인은 자신이 얼마나 부당한 일을 했는지 안중에도 없이 그녀를 향해 "일어나라. 가자!"라고 말했다. 하지만 그녀는 아무 대답이 없었다. 밤새도록 성폭행을 당했던 아내는 싸늘한 주검이 되어 있었던 것이다. 레위인은 시신을 나귀에 싣고 집으로 돌아와서 그것을 열두 조각으로 잘라 이스라엘의 열두 지파에 한 조각씩 보냈다.

이 엽기적 행각에 대해 이스라엘 사람들의 반응은 어떠했는가? "오늘까지 이런 일은 일어나지도 아니하였고 보지도 못하였도다. 이 일을 생각하고 상의한 후에 말하자 하니라"(삿 19:30). 이스라엘 민족의 도덕성은 폭력으로 갈기갈기 찢겨져 나갔다. 그들은 무엇을 해야 하는가?

"이에 온 이스라엘 자손 모든 백성이 올라가 벧엘에 이르러 울며, 거기서 여호와 앞에 앉아서 **그날이 저물도록 금식하고** 번제와 화목제를 여호와 앞에 드리고 이스라엘 자손이 여호와께 물으니라"(삿 20:26-27). 강간과 살인과 전쟁과 파괴가 난무하는 타락의 아수라장 속에서 우리는 금식의 핵심을 발견한다. 너무도 슬프고 충격적일 만큼 엄숙한 상황 앞에서 이스라엘 백성은 그 어떤 음식도 입에 댈 수 없었다. 그들이 생각할 수 있는 것은 오로지 자신들의 죄를 회개하고 하나님께 정의를 간구하는 것뿐이었다.

이야기는 비록 '착한 사람'이 승리하고 이스라엘의 기강이 바로잡히는 것으로 결말이 났지만 내 마음 한 구석은 여전히 아프다. 「일리아드」(*Iliad*)나 새뮤얼 버틀러(Samuel Butler)의 「모든 육체의 길」(*The Way of All Flesh*)을 읽었을 때, 혹은 아내와 같이 "치명적 유혹"(fatal attraction)이라는 영화를 보았을 때의 느낌과 비슷하다. 모두 악인이 망하고 선인이 승리했지만, 그 승리의 대가는 무엇이었는가? 흥건한 피와 죽음과 폭력이 아닌가? 사사기에 등장하는 레위인과 첩의 이야기도 마찬가지다. 그런 비통한 상황에서 할 수 있는 일은 오직 회개와 금식과 죄의 고백, 그리고 하나님의 자비를 간구하는 기도밖에 없다. 그렇게 자신의 죄를 고백하고 몸의 간구가 동반된 몸의 돌이킴으로 반응한 이스라엘 백성은, 결국 하나님의 자비와 용서를 얻고 찢겨진 도덕적 질서를 다시 온전하게 세울 수 있었다.

하나님의 백성은 사회의 도덕적 질서가 무너지는 비통한 상황을 직면하면 몸의 간구로 나아가야 한다. 몸과 영혼이 결합되어 통합된 행동을 창조할 때, 비로소 우리의 전인은 하나님을 대면하고 그분께 은혜와 자비와 정의를 간구할 수 있다.

다른 사람의 죄악

나는 모세를 매우 좋아한다. 그는 매우 원기왕성하고 현실적이고 입체적인 인물이었던 것 같다. 그는 살면서 어리석은 행동을 하기도 하고 훌륭한 업적을 남기기도 하면서 끝까지 하나님과 동행한 사람이었다. 만약 당신이 모세에 관해 한 가지만 집어서 말해야 한다면, 그가 하나님만 바라보았다는 사실일 것이다. 하나님은 그런 그에게, 십계명을 새긴 첫 번째 돌판을 주심으로써 그를 영화롭게 하셨다. 모세는 목자와 제사장의 마음을 지닌 사람이기도 했다. 그는 하나님이 행하실 일이 너무 염려되어 그분 앞에 나아가 이스라엘 백성을 변호했다. 하나님은 이스라엘 백성의 죄를 너무도 잘 알고 계셨기 때문에, 모세는 하나님이 우상숭배를 범한 이스라엘에게 어떻게 행하실지 두려웠다. 모세는 이스라엘 백성의 도덕성이 해체되고 사라져 가고 있음을 알았고, 그 비통하고 엄숙한 때에 그가 보인 반응은 바로 금식이었다.

모세는 중보의 막중한 책임을 느끼면서 하나님 앞에 나아가 온몸으로 간구했다.

> 내가 그 두 돌판을 내 두 손으로 들어 던져 너희의 목전에서 깨뜨렸노라. 그리고 내가 전과 같이 사십 주 사십 야를 여호와 앞에 엎드려서 떡도 먹지 아니하고 물도 마시지 아니하였으니, 이는 너희가 여호와의 목전에 악을 행하여 그를 격노하게 하여 크게 죄를 지었음이라. 여호와께서 심히 분노하사 너희를 멸하려 하셨으므로 내가 두려워하였노라. 그러나 여호와께서 그때에도 내 말을 들으셨고 여호와께서 또 아론에게 진노하사 그를 멸하려 하셨으므로 내가 그때에도 아론을 위하여 기도하고 너희의 죄 곧 너희가 만든 송아지를 가져다가 불살라 찧고 티끌같이 가늘게 갈아 그 가루를 산에서 흘러내리는 시내에 뿌렸느니라. (신 9:17-21)

모세는 하나님의 절대적인 거룩하심에 압도되었고, 거짓 신

앞에 절하는 것이 가장 큰 죄악인 것을 알았다. 그래서 그는 사십 일 밤낮을 금식하며 자신의 '회중'을 위해 중보했다. 성경에서 이 장면, 하나님과 모세와 금송아지가 등장하고, 금식이 이루어지고, 금송아지를 갈아서 그 가루를 시냇가에 뿌리는 장면은, 마치 영화의 한 장면을 보는 것 같이 생생하고 매우 구체적이고 물질적이다.

우리는 다른 사람이 극악무도한 죄악을 저지르는 것을 볼 때 어떻게 반응하는가? 모세가 온몸으로 간구하는 모습은 오늘날 우리가 타인의 죄를 비난하고 공론화하는 태도와 대조를 이룬다. 현대 사회는 비판하는 사회가 되었고 현대 교회는 비판하는 교회가 되어 버렸다. 우리는 도덕적인 죄를 범한 사람의 죄를 공적으로 비난하는 태도를, 그들을 위한 몸의 간구로 바꿀 필요가 있다. 국가의 죄악에 대한 우리의 염려는 성경에 등장하는 여호사밧과 느헤미야, 에스더, 안나처럼 나라와 국민과 지도자를 위해 금식하는 행동으로 표현되는 것이 가장 바람직하다.[2)]

다른 사람의 건강

기독교 전통은 우리에게 국가적 위기와 도덕적 타락의 상황에서뿐만 아니라 다른 사람의 건강을 위해서도 금식하며 간구하도록 권한다. 그 이유는 무엇일까? 왜냐하면 질병은 인간에게 가장 비통한 상황인 죽음을 몰고 오기 때문이었다. 다른 사람의 건강을 위해 금식하며 기도하는 것은 앞에서 강조한 금식의 본질과 일맥상통한다. 이때 우리는 금식으로 상황을 조종하려는 것이 아니라 비통한 상황에 대한 반응으로 금식하는 것이기 때문이다.

피트 그리그(Pete Greig)는 24-7 기도운동(24-7prayer.com)을 시작한 사람이다. 이 기도 운동은 기도실에서 일회성 집회로 시작되었다가 이제는 세계 각국의 그리스도인들이 참여하는 국제적인 운동으로 발전했다. 피트 그리그는 "렐러번트"(*Relevant*)라는 잡지에서 선정한 혁신적인 지도자 50인 중 한 명으로 선정되기도 했다.[9] 어느 날 밤 피트의 아내가 심한 발작 증세를 보이며 옆에서 자고 있던 피트를 깨웠다. 그의 아내는 이렇게 물었다. "여보, 내가 왜 이러는 거죠?" 호수처럼 푸른 아내의 눈이 '하얀 달'처럼 흰자위만 드러내고 있었다. 그녀는 "여보, 기…기…기도해…줘요"라고 절박하게 부탁했다. 피트는 당시의 상황을 이렇게 회상한다. "그래서 저는 기도했지요. 내 평생에 그렇게 간절히 기도했던 적은 없었습니다. 아내가 죽는다는 생각이 들었거든요. 저는 하나님께 발작을 멈춰 주시고 적어도 숨이라도 쉴 수 있게 해 달라고 간절히 기도했습니다." 피트는 그가 아는 모든 방법을 동원하여 간구했지만, 그의 기도는 아무 소용이 없었다고 고백한다.

아내의 병명은 뇌종양이었고 수술로 치료가 가능한 병이었기에 거의 회복 단계에 이르렀다. 예전과 동일한 상태로 돌아오지는 못했지만 말이다. 하지만 사랑하는 아내의 생명을 보전해 달라던 간구는 결국 응답을 받았다. 그가 쓴 책 「침묵으로 말씀하시는 하나님」(*God on Mute*, 미션월드라이브러리)은 아내가 수술을 받고 회복을 위해 싸우는 긴 과정 동안 무척 필요로 했던 종류의 책으로, 왜 하나님이 우리가 요구하는 방식대로 기도에 응답하지 않으시는지를 깊이 있게 다룬다.[4]

비록 기도 응답을 받지 못한다 해도 우리는 사랑하는 사람들에 대한 기도를 쉴 수 없다. 성경에 나오는 믿음의 선조들도 다른 사람의 건강을 위해 하나님께 간구했고, 금식을 통해 몸의 간구로 나아갔던 모습도 자주 볼 수 있다. 다윗이 우리아의 아내와 불륜을 저지르고 그 죄를 숨기기 위해 우리아를 살해했을 때, 나단 선지자가 찾아와 그 죄를 폭로하고 다윗이 '그 사람'이라고 지목했다(삼하 12:7). 그리고 그 죄로 인해 사랑하는 아들이 죽을 것이라고 예언했다. 이후 아들의 갑작스런 병과 잇따른 죽음 앞에서 다윗이 보인 **반응**은 금식하면서 밤새도록 바닥에 엎드려 하나님께 간구하고 사람들과의 교제를 일체 중단한 것이었다. 다윗은 그렇게 일주일을 보냈다. 하나님은 그의 기도를 '듣지' 않으셨고 뜻을 바꾸지 않으셨지만, 다윗은 몸의 간구를 멈추지 않았다(삼하 12:15-19).

오늘날 우리도 기도가 응답되지 않을 수 있음을 알면서도 다른 사람의 건강을 위해 중보한다. 그리고 금식은 이런 기도를 더욱 진실하게 만든다. 이 글을 쓰고 있는 지금 이 순간에도 내가 존경하는 로버트 웨버(Robert Webber) 박사가 미시간 주의 집에서 아내의 간호를 받으며 암 투병을 하고 있다. 의사들은 웨버 박사가 2006년 성탄절을 넘기지 못할 것이라고 말했지만 현재로서는 2007년 시카고의 따뜻한 봄도 무사히 넘길 수 있을 것 같다. 위독한 상태에 처한 웨버 박사를 위해 가족과 지인들이 지속적으로 기도하고 있으며 그중에는 나처럼 금식을 하면서 그의 생명을 지켜 달라고 간구하는 사람들도 있다. (결국 하나님은 2007년 4월 27일에 웨버 교수를 본향으로 데려가셨다. 하지만 그렇다고 해서 우리 그리스도인들은 하나님께 몸의 간구를 올려 드리는 일을 멈추지 않을 것이다.)

사랑하는 사람을 위해 몸의 간구로서 금식하는 것은 지극히 자연스런 일이다. 다윗은 심지어 원수들의 건강을 위해서도 금식하며 기도했다. 가히 세상을 놀라게 할 만한 이례적인 모습이 아닐 수 없다. 「디다케」는 다윗의 본보기를 따라 "당신을 박해하는 사람을 위해 금식하라"(디다케 1:4)고 권면하고 있다. 자, 다윗의 말을 들어 보자.

불의한 증인들이 일어나서
   내가 알지 못하는 일로 내게 질문하며,

내게 선을 악으로 갚아

  나의 영혼을 외롭게 하나,

나는 그들이 병들었을 때에

  굵은 베옷을 입으며

  금식하여 내 영혼을 괴롭게 하였더니

내 기도가 내 품으로 돌아왔도다.

  내가 나의 친구와 형제에게 행함같이 그들에게 행하였으며,

내가 몸을 굽히고 슬퍼하기를

  어머니를 곡함같이 하였도다. (시 35:11-14)

원수들이 우리가 그들의 치유를 위해 금식하고 있다는 사실을 알게 된다면 그들도 우리의 친구가 될 수 있다. 몸의 간구야말로 이 세상에 평화를 이룰 수 있는 최고의 비법 중 하나일 것이다.

마음의 간절한 소망

우리는 때때로 무언가를 원하기도 하고 무언가가 필요할 때도 있다. 어떤 경우에는 뭔가를 원하는 마음이 너무도 간절해서 몸으로 간구하기도 한다. 소원과 필요가 뒤엉켜서 이런 결의를 하는 상황으로 나아가기도 한다. '나는 이것을 가져야만 해. 절

대로 포기할 수 없어.'

사무엘상 1:1-20을 보면 한 여인의 절박한 갈망이 몸의 간구로 이어지는 것을 볼 수 있다. 한나는 아이를 갖기 원했고 스스로 기다릴 만큼 기다렸다고 느꼈다. 설상가상으로 한나와 함께 성전에 예배를 드리러 간 남편 엘가나는 한나에게 두 사람 몫의 희생 제물을 주곤 했다. 한 몫은 한나를 위한 것이었고 또 한 몫은 있지도 않은 한나의 아이를 위한 것이었다. 하지만 남편의 이러한 배려는 도리어 한나의 고통을 가중시켰다. 그녀의 고통을 가중시킨 것은 엘가나의 두 번째 아내 브닌나였다(당시의 관습상 남자가 여러 아내를 두는 것은 흔히 있는 일이었다). 자녀가 있었던 브닌나는 아이를 낳지 못하는 한나를 조롱하며 멸시하곤 했다.

한나가 아이를 낳지 못하는 것에 대해 하나님의 심판이라고 여기는 사람도 있었지만 그녀는 그렇지 않다는 것을 알고 있었다. 그래서 그녀는 하나님께 기도하고 금식했다. 실로의 성전에 올라가 온몸으로 간구했고 눈물로 기도했다. 그녀는 수없이 많은 사람들이 그래 왔듯이 하나님께 서원 기도를 드렸다. "만군의 여호와여, 만일 주의 여종의 고통을 돌보시고 나를 기억하사 주의 여종을 잊지 아니하시고 주의 여종에게 아들을 주시면, 내가 그의 평생에 그를 여호와께 드리고 삭도를 그의 머리에 대지 아니하겠나이다"(삼상 1:11).

한나의 기도는 수많은 사람들의 본이 되었다. 금식이 별 호응을 얻지 못하는 시대라 하더라도, 몸의 간구를 통해 통합된 인격으로 거룩한 소망을 표현하는 모습은 그리스도인의 귀감이 될 만하다. 다시 한 번, 한나의 금식은 임신을 하지 못하는 비통한 상황에 대한 반응이었음을 기억하자. 그녀는 하나님이 응답해 주실 것을 소망하며 불임의 상황에 금식으로 반응했고, 하나님은 그녀의 기도를 들어주셨다.

하나님의 인도

내가 가르치는 학생들은 자신들의 삶에 대한 '하나님의 뜻'을 의논하기 위해 자주 나를 찾아온다. 언젠가 한 학생이 자신의 진로에 대한 고민으로 상당히 힘들어하고 있었다. 그래서 나는 그에게 하루나 이틀간 금식을 해 보라고 권했다. 그는 이후 금식을 하면서 깊은 성찰의 시간을 가졌고, 자신이 이미 하나님의 뜻을 분별하고 있었다는 사실을 발견했다.

길을 가다가 두 갈래 길을 만나게 되거나 혹은 어두운 밤에 낯선 곳을 지나며 험한 길을 만나게 될 때, 금식은 명확한 길을 발견하고 그분의 축복을 얻을 수 있는 든든한 방법이 된다. 왜냐하면 금식은 우리가 통합된 인간으로서 하나님 앞에 기도하며 나아가도록 돕기 때문이다. 여기에는 앞서 언급한 A→B→C가 모두 포함되어 있다. 즉 A에 해당하는 엄숙한 상황, B에 해당하는 금식, C에 해당하는 하나님의 응답이 이 상황에 골고루 적용되어 있다. 엄숙한 상황 A는, 신비하고 낯선 상황, 하나님이 주신 소명을 명확히 알고자 하는 갈망이다.

이스라엘(유다) 자손들은 오랜 바벨론 포로 생활을 마치고 에스라의 지도하에 고국으로 돌아가는 일정을 앞두고 함께 모여 금식했다. 바벨론 근방의 아하와 강가에 모인 그들은, 약속의 땅으로 돌아가는 오랜 여정에서 인도와 보호를 간구하기 위해 그들이 누렸던 육신의 편안함과 쾌락을 거부하고 금식했다(스 8:21-23). 믿음의 사람이었던 에스라는 바벨론 왕에게 하나님의 백성을 보호할 군사를 요청하는 대신 하나님께 안전을 구했고, 하나님이 그들의 간구에 응답하심으로써 하나님의 백성은 무사히 고국에 돌아갈 수 있었다.

몇 세기 후에 등장한 사울(나중에 바울이 됨)은 급성장하는 기독교 운동에 큰 몫을 담당했던 사람이었다. 안디옥의 그리스도인들의 모임에는 몇몇 선지자들과 교사들이 포함되어 있었는데, 그들이 예배하고 금식하던 중에 하나님이 성령을 통해 그들에게 말씀을 주셨고, 그 말씀으로 인해 교회 역사상 가장 중요한 선교여행이 시작되었다. "주를 섬겨 금식할 때에 성령이 이르시되, 내가 불러 시키는 일을 위하여 바나바와 사울을 따로 세우라 하시니, 이에 금식하며 기도하고 두 사람에게 안수하여 보내니라"(행 13:2-3). 중요한 것은, 금식 후에 하나님의 구체적인 인도가 이루어지기는 했지만 그들의 금식은 무엇을 해야 할지 알 수 없는 심각한 상황에 대한 반응이었다는 사실이다.

위 성경 말씀이 강조하는 바는 금식이 우리의 정신을 밝혀 하나님의 뜻을 분별할 수 있는 빛을 비추어 준다는 뜻이 아니다. 이 말씀의 강조점은 명백히 하나님의 뜻을 알고자 하는 갈망에 있다. 원하는 것을 얻는 도구로서의 금식이 아니라, 당시 그들이 처한 엄숙한 상황에 있는 것이다. 물론 그들에게는 원하는 것이 분명 있었으며 그것을 이루어 달라고 하나님께 간구했던 것은 사실이다. 하지만 여기서 중요한 영적 균형을 잡아야 할 필요가 있다. 그 사람들은 하나님의 뜻을 찾아야 하는 심각한 상황에 직면했고, 그런 그들의 열망이 몸의 간구로 이끌었다는 사실이다.

* * *

금식은 기도 응답을 받아 내는 보증수표가 아니다. 기도의 부족한 곳을 보강해 주는 버팀목도, 무엇을 조종하기 위한 도구도 아니다. 우리가 금식하는 이유는 우리로 하여금 뭔가를 깊이 갈망하도록 이끄는 어떤 엄숙한 상황에 처했기 때문이다. 우리 간구가 참으로 간절할 때, 음식을 먹는 것이 마치 그 순간을 모독하는 것처럼 느껴지기 때문에 금식을 하는 것이다.

몸의 간구는 무엇인가를 간절히 간구하며 자신의 통합된 전

인격을 주님께 올려 드릴 때 일어난다. 신실한 그리스도인들에게 금식을 권면하기 위해 제시할 수 있는 사례는 아하와 강가에서의 금식 외에도 전체 교회 역사 안에 무수히 많다. 예수님의 형제 야고보의 말처럼, 우리가 받지 못하는 것은 간구하지 않기 때문일 것이다. 그리고 때로는 그만큼 절실하지 않기 때문일 수도 있다(약 4:2). 금식은 통합된 인격이 하나님을 향하여 전심으로 간구하게 만드는 방법이 될 수 있다.

5장

몸의 탄식

누군가가 죽으면 사람들은 깊은 본능에서 우러나는 두 가지 행동을 하게 된다. 슬픔을 당한 유족은 음식을 먹지 못하고, 친구들은 유족에게 음식을 가져다준다. 내가 그동안 참석했던 장례식에서는 식이 끝나면 으레 유족과 친구들이 교회에 가서 함께 식사를 했다. 서로에 대한 애정의 표현으로 함께 음식을 먹는 것, 특히 슬픔에 잠긴 유족을 위로하기 위해 함께 식사하는 것은 의미가 있는 일이다. 함께 음식을 먹는 것은, 먹을 의욕을 빼앗아 갈 만큼 강력했던 사별의 충격을 달래 주고 함께 미래를 직면할 수 있도록 남겨진 자들을 연결시켜 준다.

더 나아가 장례를 치르는 동안 이웃들이 유족에게 음식을 가져다주는 풍습은, 몸의 언어로서의 금식의 본질을 잘 드러낸다. 사랑하는 이의 죽음은 우리가 살면서 겪게 되는 가장 비통하고 엄숙한 사건 중 하나다. 그런 순간에 직면하면 인간은 자연적으로 즐거움에 대한, 이를테면 먹는 것과 같은 쾌락에 대한 욕구들을 차단하는 반응을 보인다. 앞서 말한 A→B→C의 형태에 비추어 볼 때 '몸의 탄식'은 결과(C)를 이끌어내기 위한 도구가 아니라 전적으로 엄숙한 상황(A)에 대한 반응(B)이다. 나는 몸의 탄식이 모든 금식의 가장 밑바탕에 있는 근본 동기라고 믿는데, 금식이 엄숙한 시기에 나오는 반응이라는 전제에서 볼 때 그것은 앞뒤가 정확하게 맞아떨어지는 말이다. 이후 논의에서 좀더 구체적으로 다루겠지만, 금식의 반응적 성격은 오랜 기독교 역사에서 생겨난 많은 문제들과 금식에 대한 오해를 정확히 규명해 준다.

누군가 죽었을 때 인간은 왜 금식을 하는가? 그것은 죽은 사람에 대한 애정이 깊고 그를 잃은 슬픔이 너무도 크기에 어떤 즐거움에 빠져든다는 것 자체가 그 애정과 슬픔에 담긴 신성함을 제거한다고 느끼기 때문이다. 죽은 이를 진정으로 사랑했던 사람은 먹고 마시는 것에 슬픔을 담아 흥청망청 날려 버리기보다, 온전히 깨어 그 죽음의 고통을 마시려 한다. 그리고 금식을 통해 맑게 갠 정신으로, 슬퍼하는 이들에게 은혜의 선물을 주고자 한다. 몸의 탄식은 또한 유족들과 슬픔을 함께 나누겠다는 표시이기도 하다. 금식이 가져다주는 고통은 유족들의 슬픔에 공감할 수 있게 하고 유족들에게 위로를 전달한다. 다시 말하면, 사랑하는 이의 죽음이 지극히 고통스럽고 절망적이며 죽음의 불가해함이 너무나 압도적이어서 하나님과 참으로 깊은 차원에서 만나게 되는 순간에 음식을 먹는 것은, 죽은 사람에 대한 추억을 방해하고 애통해하는 유족과 함께 애도하지 못하게 만들며 죽음의 실재를 인식하지 못하게 한다. 이토록 크나큰 슬픔에 압도당하면 우리는 먹는 것을 잊어버리게 된다.

그 상황의 엄숙함이 너무나 강렬하면 음식을 먹는 것이 그 순간에 대한 모독으로 느껴진다. 이런 생각은 성경과 전체 기독교 전통에 광범위하게 드러나 있다.

다윗의 탄식

이스라엘의 왕이었던 다윗은 노래를 만들고 즐겨 부르던 사람이었다. 그러나 험난한 시대를 살았기 때문에 많은 사람들의 죽음을 목격했고, 그의 주변 사람들과 마찬가지로 종종 깊은 슬픔에 빠졌다.

다윗과 가장 절친했던 요나단은 이스라엘의 초대 왕이었던 사울의 아들이었다. 다윗은 차기 이스라엘 왕으로 내정되어 있었지만, 왕권을 빼앗기기가 죽기보다 싫었던 사울은 다윗을 죽이려고 음모를 꾸몄다. 어느 날 그는 요나단이 다윗을 두둔하는 것에 분노를 참지 못하고, 창을 꺼내어 요나단을 죽이려고까지 했다. 다윗을 좋아한다는 이유 하나만으로 사울이 자신의 아들을 죽이려고까지 했으니, 다윗의 목숨은 이미 파리 목숨이나 다를 바 없었다.

아버지의 의도를 알아챈 요나단은 가장 사랑하는 친구의 피할 수 없는 운명을 직감하고 금식하지 않을 수 없었다(삼상 20:34). 성경은 그 상황을 이렇게 설명하고 있다. 요나단이 "심히 노하여 식탁에서 떠나고 그 달의 둘째 날에는 먹지 아니하였으니, 이는 그의 아버지가 다윗을 욕되게 하였으므로 다윗을 위하여 슬퍼함이었더라." 요나단의 금식은 자기 자신이나 다윗의 목숨을 보존해 주실 것을 바라는 몸의 간구가 아니었다. 그것은 성경에서 일관되게 말하고 있는, 비통한 상황에 대한 **반응**이었다. 친구 다윗에게 확실하게 임박한 죽음과 아버지가 자신에게 안겨준 수치에 대한 충격으로, 요나단은 다윗을 위해 금식하기 시작했다.

그리고 사무엘상의 후반부로 가면 사울이 스스로 목숨을 끊은 이야기가 기록되어 있다(31장). 블레셋 사람들과의 전쟁에서 요나단과 그의 형제들이 죽임을 당했고 부상을 입은 사울은 자신의 무기 든 자를 향해 칼로 자기를 죽여 달라고 애원했다. 적군의 손에 모욕적인 죽음을 당하기 전에 죽고자 한 것이다. 무기 든 군사는 사울의 부탁을 거절했고, 그래서 사울은 스스로 목숨을 끊었다. 복수심에 불타던 블레셋 군대는 사울이 죽은 것으로도 성이 차지 않아 그의 시체를 벧산 성벽에 못 박아 사람들 앞에 전시했다. 그 소식이 이스라엘 백성에게 전해지자 길르앗 야베스의 용감한 주민들은 능욕을 당한 사울과 그 아들들의 시체를 찾아와서 정식으로 장사하고 7일간을 금식했다(삼상 31:13). 이 말씀에서 보듯 몸의 탄식은 죽음에 대한 반응이지 무엇을 얻기 위한 고행이 아니다. 이러한 반응적인 요소는 금식과 관련한 영적 훈련 전통의 핵심에 자리하고 있다.

원수들을 위해 금식하는 삶의 방식이 몸에 배어 있던 다윗은 사울과 그 아들들의 죽음 앞에서도 애도를 표했지만, 누구보다 요나단의 죽음을 무척이나 슬퍼했다. 다윗은 그 슬픔을 표현하기 위해 사울과 그의 가족과 이스라엘 전체를 위해 애도하며 금식했다(삼하 1:12). 그 후 다윗의 군대장관 요압이 사울의 군대장관 아브넬을 살해하는 사건이 발생했을 때도 다윗은 그의 죽음을 슬퍼하며 금식했고(삼하 3:35) 다윗과 이스라엘 백성은 애도의 표시로 옷을 찢고 굵은 베옷을 입었다.

이와 같은 형태의 탄식 외에도, 고대인들은 현대인들이 보기에는 다소 과장되어 보이는 방식으로 슬픔을 표현했다. 예를 들어 머리를 헝클어뜨린다든지, 침을 흘린다든지, 머리와 옷에 먼지를 뒤집어쓴다든지, 심지어 흙바닥에 뒹구는 일도 있었다. 오늘날 우리가 그런 방식으로 슬픔을 표현하지 않는다고 해도, 슬픔은 우리의 삶에 늘 존재하는 근본적인 실재다. 때때로 우리는 성경의 세계가 너무도 실제적이어서 놀라게 되는데, 다음에 소개할 시편을 통해 슬픔이 얼마나 실제적인 것인지를 살펴보자.

시편 77편에 나타난 탄식의 과정

언젠가 시편을 큰 소리로 읽다가 77편의 말씀이 무척 인상적으로 다가온 적이 있다. 내가 이 시편에서 주목한 것은, 슬픔의 깊은 웅덩이에서 벗어나 하나님이 계시다는 확신 가운데 거하게 된 한 사람이었다. 그 시편 기자는, 하나님이 계시지 않는 것처럼 느껴지는 상황은, 그런 상황에 실제적으로 존재하시는 하나님을 인식함으로써 극복할 수 있음을 깨달았다. 지금까지 이 책에서 말한 내용에 비추어, 나는 시편 77편을 '금식자의 기도'라고 부르고 싶다. 물론 금식을 직접적으로 언급하고 있는 것은 아니지만, 반응으로서의 금식의 성격을 자연스럽게 드러내는 표현들이 있기 때문이다. 그 표현들은 금식이 자연스러운 일상이었던 고대 이스라엘 백성들과 그리스도인들이 사용한 것들이다.

아삽이 쓴 이 시편의 1-3절은 시편 기자의 슬픔을 매우 현실적으로 표현하고 있다. 비통한 상황 속에서 그가 할 수 있는 일은 오직 슬퍼하는 것뿐이었다.

내가 내 음성으로 하나님께 부르짖으리니
   내 음성으로 하나님께 부르짖으면 내게 귀를 기울이시리로다.
나의 환난 날에 내가 주를 찾았으며
   밤에는 내 손을 들고 거두지 아니하였나니

내 영혼이 위로받기를 거절하였도다.

내가 하나님을 기억하고 불안하여 근심하니

내 심령이 상하도다. (1-3절)

슬픔에 잠긴 사람들은 자신의 마음과 영혼 깊이에 있는 것들을 거리낌 없이 털어놓는다. 위의 마지막 두 구절에서 아삽은 하나님을 생각하기만 해도 자신의 심령이 상한다고 말한다. 하나님께 자신의 솔직한 심정을 고백한 것이다.

그러고 나서 아삽은 하나님께 모든 원망과 비난의 화살을 퍼붓기 시작한다. 자신의 처지를 하나님 탓으로 돌리고 하나님이 행하신 과거의 역사를 얼마나 자주 생각하는지도 이야기한다. 이제는 하나님이 자신에게 관심이나 있는지 의심하면서 그토록 가깝고 자비로웠던 하나님이 멀고 냉정한 분으로 변하신 것에 대해 서운한 마음을 토로한다(4-10절). 아삽은 그의 비통한 상황 속에서 하나님에 대한 중대한 의문들을 품게 되었다.

주께서 내가 눈을 붙이지 못하게 하시니

내가 괴로워 말할 수 없나이다.

내가 옛날 곧 지나간 세월을

생각하였사오며

밤에 부른 노래를 내가 기억하여

내 심령으로, 내가 내 마음으로 간구하기를
주께서 영원히 버리실까,
　　다시는 은혜를 베풀지 아니하실까,
그의 인자하심은 영원히 끝났는가,
　　그의 약속하심도 영구히 폐하였는가,
하나님이 그가 베푸실 은혜를 잊으셨는가,
　　노하심으로 그가 베푸실 긍휼을 그치셨는가 하였나이다. (4-9절)

아삽은 이 시에서 금식에 대해 언급하지 않지만, 그가 기록하고 있는 당시 정황은 금식을 하지 않을 수 없을 정도로 비통하고 엄숙한 상황이었다. 그렇게 슬퍼하던 시편 기자는, 이제 과거에 하나님이 행하셨던 일들을 회상하기 시작한다. 10-20절은 아삽이 슬픔 속에서 생각에 잠기며 믿음(그리고 위안)을 가지게 되는 모습을 보여 준다.

또 내가 말하기를 이는 나의 잘못이라
　　지존자의 오른손의 해 곧 여호와의 일들을 기억하며

주께서 옛적에 행하신
　　기이한 일을 기억하리이다.
또 주의 모든 일을 작은 소리로 읊조리며

    주의 행사를 낮은 소리로 되뇌이리이다.

하나님이여, 주의 도는 극히 거룩하시오니

  하나님과 같이 위대하신 신이 누구오니이까?

주는 기이한 일을 행하신 하나님이시라,

  민족들 중에 주의 능력을 알리시고

주의 팔로 주의 백성 곧

  야곱과 요셉의 자손을 속량하셨나이다. (셀라)

하나님이여 물들이 주를 보았나이다.

  물들이 주를 보고 두려워하며

  깊음도 진동하였고

구름이 물을 쏟고

  궁창이 소리를 내며

  주의 화살도 날아갔나이다.

회오리바람 중에 주의 우렛소리가 있으며

  번개가 세계를 비추며

  땅이 흔들리고 움직였나이다.

주의 길이 바다에 있었고

  주의 곧은 길이 큰 물에 있었으나

  주의 발자취를 알 수 없었나이다.

주의 백성을 양떼같이

모세와 아론의 손으로 인도하셨나이다.

이 시에는 당시 이스라엘이 지녔던 금식에 대한 비범한 관점이 들어 있다. 아삽은 위안을 얻기 위해 슬퍼한(그리고 아마도 금식한) 것이 아니었다. 그는 자신이 처한 상황의 크나큰 심각성을 느꼈기 때문에 슬퍼했고, 금식에 대한 자세한 서술도 하지 않는다. 그의 슬픔은 명백히 A→B의 형태에 해당했다. 아삽은 자신을 둘러싸고 일어나는 일과 일어나지 않는 일에 크게 압도당해 있었다. 그는 하나님이 무언가를 하셔야 한다고 믿었지만 하나님은 그의 소망대로 행하지 않으셨다.

우리는 이 시편에서, 아삽이 발견한 한 가닥의 희망을 볼 수 있다. 그는 하나님이 이스라엘의 역사 가운데 행하셨던 일들을 묵상하며 현재의 비통한 상황을 헤쳐 나갈 길을 찾은 것이다.

슬픔과 금식

슬픔이야말로 모든 형태의 금식의 밑바탕에 있는 동기임에도, 이 슬픔이라는 주제를 충분히 언급하는 책은 드물다. 사실 앞서 다룬 '몸의 돌이킴'으로서의 금식은, 자신의 죄를 발견하고 그에 대한 슬픔이 너무나 커서 먹기를 거부하는 행위다. '몸의 간구'는 견딜 수 없이 고통스러운 상황이나 하나님 앞에 나아가지 않고서는 결코 만족되지 않을 간절한 소원 때문에 일어나는 것이다. 그리고 '몸의 훈련'(다음 장에서 다룰 주제)은 지속되는 삶 속에서 사랑과 거룩을 훈련할 목적으로 행하는 금식으로, 사랑이 결여되고 이기적인 자아에 대해 느끼는 슬픔과 우리를 둘러싼 이 세상에 대한 슬픔에서 비롯되는 경우가 많다.

최근의 학자들은 '몸의 소망'(10장에서 더 구체적으로 다룰 것이다)으로서의 금식을 촉발하는 힘이 되는 종말론적 요소를 강조하고 있다. 예수님은, 하나님 나라를 고대하며 금식하는 유대 관습은 하나님 나라의 현존이자 신랑이신 예수님이 그들과 함께 이 땅에 계시는 동안은 일시적으로 중단되어야 한다고 말씀하셨다. 그러나 예수님이 승천하셔서 아버지께로 돌아가시면 금식이 다시 시작되어야 한다고 하셨다(눅 5:35). 여기서, 하나님 나라의 정의에 대한 갈망으로 행하는 금식을 바로 지금 이 세상에 정의와 평화와 사랑이 부재한 상황에 대한 슬픔 때문에 행하는 금식과 동일한 것으로 보는 것은 무척 자연스런 일이다.

그러므로 우리는, 슬픔을 금식이라는 집에 이따금 찾아오는 불편한 가족으로 여겨서는 안 된다. '몸의 탄식'이야말로 가장 순수하게 금식의 본질을 보여 주기 때문이다. 비통한 상황에 압도당한 사람은 하나님과의 교제를 더욱 거룩하게 만들고 그 상황 안으로 온전히 들어가기 위해 음식을 거부한다.

6장
몸의 훈련

금식에 관한 책 중에서 가장 흥미롭고 탁월한 책을 꼽으라면 나는 주저 없이 아달베르 드 보께의 책을 꼽는다. 프랑스 삐에르끼 비르 수도원의 수도사였던 그는, 「금식을 사랑하는 법」이라는 작은 책에서 '몸의 훈련'으로서의 금식에 대한 완벽한 설명을 들려준다.[1] 사실 그가 말하는 훈련은 너무도 점잖아서 '몸의 훈련'이라고 부르기가 좀 망설여진다. 보께 수사가 그 책에서 말하는 비는, '경건한 리듬과 금식에 의해 절제된 삶을 누리는 것'이다. 여기서 몸의 훈련을 설명하는 가장 좋은 길은, 그의 삶의 이야기를 들려주는 것이라고 생각한다.

보께 수사는 새벽 3시에 일어나서 한 시간 반 동안 밤 기도와 성경 읽기를 한다. 그런 다음 4시간 정도 공부하는 것을 포함하여 아침에 해야 할 임무를 수행한다. 아침이나 점심은 먹지 않는다. 그러나 정오에는 수도원 식구들과 함께 시간을 보내다가 저녁 식사로 먹을 음식이 담긴 작은 상자를 들고 자신의 숙소로 돌아온다. 그는 오후 내내 공부하고 오후 기도를 드린다. 그런 다음에는 한 시간가량 노동을 한 뒤 산책을 하며 묵상한다. 식사를 한 지 스물네 시간이 가까워 올 때쯤이면 그는 이런 경험을 한다고 한다. "이 시간이면 그 어느 때보다 머리가 맑아지고 몸에서는 힘이 솟으며 마음이 날아갈 듯 가볍고 즐거워진다."[2] 그는 오후 6시 30분에 저녁을 먹는데 거의 한 시간에 걸쳐 식사를 한다. 식사를 하면서 책을 읽기 때문이다. 그런 다음에는 저녁 기도를 드리고 청소를 한 후에 취침 전 기도를 드린 후 잠자리에 든다. 어떤 사람에게는 이런 보퀘 수사의 생활이 한가롭게 여겨질 것이다.

아달베르 드 보퀘 수사가 금식을 하는 이유는 영성 형성을 위해서다. 앞 장의 내용에 비추어 볼 때 그의 금식은 분명 회개나 슬픔이나 간구에서 비롯된 금식이 아니며, 이 부분에 대해서는 나중에 더 자세히 설명하도록 하겠다. 보퀘 수사의 금식은 A→B 형태라기보다는 B→C 형태로 보는 편이 더 타당하다. 그에게 금식의 삶은 거의 고독에 가까운 즐거운 리듬이다. 금식은 그에게 '행복한 오후'를 선물해 주고 '도덕적 삶에 깊은 영향력'을 미친다. 금식을 하면 성적인 공상도 사라지고 다른 불쾌한 감정들도 자취를 감춘다. 사실 그의 금식은 **수단적 성격**이 강하다고 볼 수 있다. 보퀘 수사의 말을 들어 보자. "[내 기쁨의] 근원은 식욕이라는 원초적인 본능을 어느 정도 제어함으로써 성욕이나 어떤 공격적 성향까지 제어하게 된 데 있다. 금식하는 사람은 진정한 자아 정체성을 통해 진짜 자기 자신이 되고, 외적인 대상과 내면에서 일어나는 충동에 덜 의존적인 사람이 되는 듯하다."[3] 물론 드 보레는 가정이나 생업에 얽매여 분주할 것이 없는 수도사라는 신분과 처지가 매우 예외적인 것임을 잘 알았다. 그러나 그는 수도원 밖의 그리스도인들에게도 목자의 마음으로 다음과 같이 제안한다. "나는 최소한의 [음식에 대한] 필요만 추구하는 훈련을 지속하는 것이 좋다고 생각한다."[4] 나와 절친한 성공회 목사 롭 메롤라(Rob Merola)는 최근에 금식에 대한 대화를 나누다 이런 말을 했다. "자네가 인간이 섭취해야 할 음식의 양이 실제로 얼마나 적은지를 알면 무척 놀랄 것이네."

당신이 드 보레의 삶을 이상적인 삶으로 여긴다 해도, 그것이 당신에게 유익함을 안다 해도, 보레 수사가 제안하는 훈련으로서의 금식은 성경 어디에도 명확하게 언급되어 있지 않다. 그러나 어쨌든 이와 같은 수단적 형태의 '몸의 훈련'이야말로 금식에 관한 가장 일반적인 이해인 것은 사실이다. 그리고 바로 이 점이, 금식이 무언가를 얻기 위해 행하는 것이라는 가장 보편적인 오해를 낳기도 한다. 그래서 우리는 성경과 초대교회의 전통을 통해 몸의 훈련이 어떻게 발전되어 왔는지 살펴볼 필요가 있다.

다소 혼란을 줄 수도 있겠지만, 나는 몸의 훈련이 잘못된 일이라고 생각하지 않는다. 나는 몸의 훈련이 A→B→C 형태를 통해 훨씬 깊이 있는 훈련이 되리라고 생각한다. 몸의 훈련을 지지하는 사람들은 A(상황)에 관심을 더 기울일 필요가 있다. 그렇게 되면, 우리는 비통하고 엄숙한 때에 이따금씩이 아니라 매일 반응하며 금식할 수 있을 것이다.

시작점

성공회에서 사용하는 「공동 기도서」를 보면 몸의 훈련에 돌입해야 할 가장 비통하고 엄숙한 상황에 대한 언급이 나온다. 사실상 몸의 훈련의 진정한 의의는 이 유서 깊은 기도의 정신과 신학에 근거한다고 볼 수 있다.

전능하신 하나님이시여,

당신은 우리 자신을 도울 힘이 우리에겐 없다는 것을 알고 계시옵나이다. 저의 몸과 영혼을 지켜 주사, 내 몸에 일어날 수 있는 모든 불상사로부터 보호하여 주시고, 제 영혼을 공격하고 상하게 하는 모든 악한 생각을 물리쳐 주옵소서.
영원 무궁히 성부 성령과 함께 살아 계시고 다스리시는 우리 주 예수 그리스도의 이름으로 기도하옵나이다. 아멘.

몸의 훈련을 시작하게 하는 엄숙한 상황은, 죄를 인식하고 자신의 연약함을 절감할 때, 하나님의 능력과 은혜가 절실히 필요할 때, 삶의 중심을 잡기 위해 침잠할 때, 거룩과 사랑이 더 성장하기를 갈망할 때다. 이 기도서의 '몸과 영혼'이라는 말에서는 이원적 사고가 엿보인다. 하지만 이 문구가 후자는 중요하고 전자는 덜 중요하다는 전형적인 이원론적 사고를 나타낸다고 단정 지을 필요는 없다. 몸과 영혼이 완벽하게 연결되었다는 사실만 인식한다면 몸의 훈련은 생명력 있는 영성 훈련으로서 그 빛을 발하기 시작한다. 우리 자신의 연약함과 변화되고자 하는 갈망을 좀더 많이 묵상하면 어느 순간 몸의 훈련이 자연스러워지고 그에 대한 마음이 간절해지기 시작한다.

이 기도서가 주는 교훈은 우리가 도덕적인 삶을 진지하게 여기고, 몸과 영혼이 완벽하게 연결되었다는 것을 깨닫는다면, 몸의 훈련이라는 육체적인 행위가 누군가의 죽음이나 회개와 같은 상황에서 행하는 금식 못지않게 자연스럽게 나타난다는 것이다. 사실 몸의 훈련은 지속적인 도덕적 성숙을 위해 지속적으로 실천하는 회개의 삶이라고 할 수 있다.

몸의 훈련은 예수님 이후 4세기가 지날 때까지도 완성된 형태를 띠지 못했다. 하지만 중요한 것은, 초기 그리스도인들이 어떤 형태로든 몸의 훈련을 했느냐 그렇지 않느냐 하는 것이다. 자, 그럼 한 번 살펴보자.

바울과 몸의 훈련

고린도전서 9장에 나오는 사도 바울의 고백을 주목해 보자. 여기 몸의 훈련의 한 예가 있다.

> 운동장에서 달음질하는 자들이 다 달릴지라도 오직 상을 받는 사람은 한 사람인 줄을 너희가 알지 못하느냐. 너희도 상을 받도록 이와 같이 달음질하라. 이기기를 다투는 자마다 모든 일에 절제하나니 그들은 썩을 승리자의 관을 얻고자 하되 우리는 썩지 아니할 것을 얻고자 하노라. 그러므로 나는 달음질하기를 향방 없는 것같이 아니하고 싸우기를 허공을 치는 것같이 아니하며 내가 내 몸을 쳐 복종하게 함은 내가 남에게 전파한 후에 자신이 도리어 버림을 당할까 두려워함이로다. (고전 9:24-27)

오늘날 몸의 훈련으로서의 금식은 (물론 아직도 확실히 자리잡은 것은 아니지만) 달라스 윌라드가 쓴 여러 권의 저서를 통하여 강력한 지지를 받고 있다. 달라스 윌라드는 오랫동안 예수님과 바울의 가르침뿐 아니라 그들이 실천한 것들에도 주목할 것을 주장해 온 사람이다. 또한 그는 오늘날의 그리스도인들이 예수님과 바울처럼 몸을 훈련하면 영적 삶이 더욱 충만해질 것이라고 역설한다.[5] 그는 다음과 같이 중요한 문제를 지적한다. "현대의 고

삐 풀린 쾌락주의는 18세기에 인간의 행복을 이상화했던 풍조에서 비롯된 것이며, 쾌락을 '유일한' 선으로 여겼던 19세기 영국 사상을 통해 더욱 정교해졌다. 결국 그러한 사상에서 오늘날 '최고의 기분'을 추구하는 사회가 생겨난 것이다."[6] 이러한 역사적 배경이야말로 몸의 훈련을 방해하는 가장 큰 걸림돌이다.

달라스 윌라드에 의하면, 쾌락과 행복을 추구하는 마음과 사도 바울은 전혀 거리가 멀었다. 그가 살았던 시대는 몸의 훈련 없이는 도덕적·인격적 성숙이 불가능하다고 생각하던 시대였다. 그래서 금식은 그 시대 영성 훈련의 중요한 요소로 기능했던 것이다. 앞서 인용한 성공회 기도문의 내용처럼, 달라스 윌라드는 인간이 외적 차원과 내적 차원으로 이루어져 있다고 주장했다. 하지만 어떤 일이든 궁극적으로는 우리의 몸을 통해서 일어난다. 영혼이 알고 있는 옳고 바른 일을 몸이 행하지 않는다면 우리는 몸이 제 역할을 하도록 이끌어야 한다. 몸이 도덕적 삶에 부합하도록 이끄는 것이 바로 고린도전서에서 사도 바울이 한 말의 진정한 뜻이다. 이처럼 우리는 바울을 통해 초기 기독교 시절에 몸의 훈련이 실행되고 있었다는 사실을 감지할 수 있다. 또 어떤 사람들은 몸을 훈련하면 영혼도 그에 따라온다고 말하기도 한다.

그런데 바로 여기에 우리가 빠지기 쉬운 함정이 있다. 바로 무언가를 얻기 위해, 즉 하나님의 용서나 기도 응답을 받기 위해

(B→C 형태) 금식을 한다고 생각하기 쉬운 것이다. 사실 몸의 훈련은 즉각적인 해결책을 주기보다, 그리스도인이 믿음의 긴 여정을 걸어갈 수 있도록 준비시킨다. 이 책에서 언급하고 있는 다른 종류의 금식들과 마찬가지로, 몸의 훈련으로서의 금식은 더 거룩해지고, 더 사랑하고, 하나님과 자신과 다른 사람과 세상에 더 민감하게 반응하는 사람이 되고 싶은 갈망의 표현이다. 몸의 훈련은 다급한 상황에 대한 즉각적인 응답을 약속하기보다, 우리가 전 삶을 들여 거룩한 여정을 통해 도덕적이고 영적인 진보를 이루어 갈 것을 요구한다. 그 진보의 결과는 오랜 기간을 두고 이야기할 수 있는 것이지 하루 이틀로 평가할 수 없다.

이러한 영성 훈련에도 비통하고 엄숙한 상황이 있으며, 다시 한 번 그것을 다룰 필요가 있다. 앞 문단의 내용이나 달라스 윌라드, 드 보케 수사가 쓴 책들을 주의 깊게 읽어 보라. 그러면 금식으로 이끄는 엄숙한 상황을 발견하게 될 것이다. 그렇다면 대체 어떤 상황을 말하는 것인가? 바로 자신이 은혜 안에서 성숙해야 하고, 죄에서 멀어져야 하고, 더 사랑하고 거룩해져야 한다는 사실을 깊이 자각하는 때다. 다른 점이 있다면, 몸의 훈련은 이와 같은 자각에 즉흥적 행동으로 반응하기보다 인간의 유한한 도덕적 상황에 매일 반응하는 삶으로 옮겨 간다는 것이다.

이렇듯 그리스도인의 삶이란 지속적인 진보의 과정이기 때문에, 사도 바울은 그 삶을 운동선수의 훈련에 비유했다. "이기기를 다투는 자마다 모든 일에 절제하나니"(고전 9:25).

나의 아들 루카스는 프로 야구 마이너 리그에서 5년 동안 선수 생활을 했다. 야구 선수들이 얼마나 혹독하게 훈련하는지를 보면 놀라움을 금치 못할 때가 있다. 선수들에게는 훈련 자체가 성취감을 안겨 주고 비슷하게 훈련하는 다른 선수들과의 동료 의식을 심어 주기도 하는 것 같다. 그들은 음식 섭취와 체중 조절, 달리기와 스트레칭, 정신력 훈련을 비롯해서 운동복과 신발의 세세한 부분에 이르기까지 신경을 쓴다. 경기할 때마다 상대 팀 전력을 분석하고 비교하는 것은 말할 것도 없다. 루카스가 선수로서 경력을 쌓아 가는 동안, 우리는 이처럼 운동선수들의 삶을 형성하는 모든 요소들에 익숙해졌다.

로마 제국이나 바울 시대 사람들은 현대인들 못지않게 운동 경기에 열광했다. 그들은 다양한 스포츠 행사와 경기에서 삶의 활력소를 얻었다. 요즘 사람이 읽어도 재미있는 판다로스의 「송시」(*The Odes*)를 보면, 당시에는 경기장(gymnasium, 정확히 말해서 남자들이 벌거벗고 씨름하던 장소)에서 교육이 이루어졌고, 마라톤과 10종 경기는 바울 시대 이전부터 인기 있는 경기 종목으로 부상했으며, 격투 경기는 초절정의 인기를 누렸고, 싸움을 하던 선수들이 환호하고 야유하는 관중 앞에서 쓰러져 죽는 일도 다반사였다고 한다. 고대 사회의 운동 경기는 그 시대 사람들의 삶의 중심이었다. 고고학자들이 발굴한 무수한 증거 자료들이 그 사실을 증명하고 있다.⁷⁾ 바울은 마치 경기를 앞두고 프로 축구 선수들에게 선전을 당부하는 목사처럼, 그리스도인의 평생의 삶을 운동선수들의 훈련 과정에 비유하며 이렇게 말한다. "경건에 이르도록 네 자신을 연단하라[gymnaze]"(딤전 4:7). 하지만 그는 사실 영적 훈련을 육체적 훈련보다 한 수 위에 두고 이야기했다. "육체의 연단[somatike gymnasia]은 약간의 유익이 있으나 경건[eusebia]은 범사에 유익하니 금생과 내생에 약속이 있느니라"(딤전 4:8).

그러므로 우리는 금식을 충만한 형태의 몸의 훈련으로 새롭게 만들어 갈 필요가 있다. 바울은 인간을 "지체를 의의 무기로 하나님께"(롬 6:13) 드리기 위해 (몸과 영혼을 다해) 고군분투하는 통합적 존재로 보았으며, 동료 그리스도인들에게 "그러므로 땅에 있는 지체를 죽이라. 곧 음란과 부정과 사욕과 악한 정욕과 탐심이니 탐심은 우상숭배니라"(골 3:5)고 권고한다. 그리고 그의 생각은 다음 두 말씀에서 가장 명확히 드러난다. "그리스도 예수의 사람들은 육체와 함께 그 정욕과 탐심을 십자가에 못 박았느니라"(갈 5:24). "영으로써 몸의 행실을 죽이면 살리니"(롬 8:13). 바울은 그리스도인의 삶을 몸의 훈련 과정으로 보았으며, 달라스 윌라드는 바울이 금식과 같은 영성 훈련으로 인해 승리의 삶을 살 수 있었다고 주장한다.

달라스 윌라드의 주장과는 별개로, 성경에서 말하는 내용과 말하지 않는 내용은 정확히 구분하고 넘어갈 필요가 있다. 영적인 성장을 위해 몸을 훈련하는 것이 중요하다는 윌라드의 주장은 설득력이 있지만, 바울이 자신의 육신을 쳐서 훈련한다는 말씀과 금식의 직접적인 연결은 성경에서 찾아보기 힘들다. 사도행전에는 바울이 회심할 때 금식했다는 기록이 있고(행 9:9) 하나님의 인도를 받기 위해 다른 그리스도인들과 함께 금식했다는 말씀도 나온다(행 13:2-3; 14:23). 하지만 바울이 직접 몸의 훈련으로서의 금식을 언급한 것은 단 두 번뿐이었다.

> 오직 모든 일에 하나님의 일꾼으로 자천하여 많이 견디는 것과 **환난**과 궁핍과 고난과 매 맞음과 갇힘과 난동과 수고로움과 자지 못함과 **먹지 못함** 가운데서도. (고후 6:4-5)

> 또 수고하며 애쓰고 여러 번 자지 못하고 **주리며 목마르고 여러 번 굶고** 춥고 헐벗었노라. (고후 11:27)

이 두 구절을 읽은 그리스도인들은 대부분 같은 질문을 할 것이다. 이 상황은 바울이 자발적으로 금식을 한 것인가, 아니면 핍박을 받은 상황에서 먹지 못한 것인가? 누군가가 바울로 하여금 음식과 물을 먹지 못하도록 한 것인가 아니면 바울 스스로가 훈련으로서 금식한 것인가? 내가 보기에는 명확하게 단정을 내리기가 어렵다. 다만 바울이 인격의 성숙 과정을 운동선수의 훈련에 비교한 점을 감안한다면, 바울은 기독교 초기부터 몸의 훈련으로서의 금식을 열렬히 수행하던 인물이었다고 볼 수 있을 것이다.

하지만 바울 외에도, 오늘날 기독교 세계에서 가장 보편적인 형태의 금식인 '몸의 훈련'으로서의 금식을 뒷받침하는 중요한 원천이 또 하나 있다.

정기적인 몸의 훈련

몸의 훈련은 '고정 금식'에서 비롯되었다. 고정 금식이란 일주일에 1-2회 정도 저녁 식사 때부터 다음날 저녁 식사 때까지, 혹은 저녁 식사 때부터 다음날 오후까지 음식을(때로는 물도 포함하여) 먹지 않는 정기적인 금식을 말한다. 고정 금식을 실천했던 사람들의 논리는 매우 단순하다. 경건한 유대교인들이 일주일에 두 번 금식했고, 예수님과 그의 제자들도 무척 경건한 사람들이었으므로, 자신들도 당연히 고정 금식을 해야 한다는 것이었다. 인생을 논리에 다 끼워 맞출 수는 없지만 어쩌면 이 경우에는 가능할지도 모르겠다. 그럼 예수님 시대로 거슬러 올라가 몸의 훈련을 긍정하는 내용을 간단히 살펴보기로 하자.

예수님은 위선의 전형이라 할 만한 어느 바리새인에 대해 이렇게 말씀하셨다. "하나님이여, 나는 다른 사람들 곧 토색, 불의, 간음을 하는 자들과 같지 아니하고 이 세리와도 같지 아니함을 감사하나이다. 나는 **이레에 두 번씩 금식하고** 또 소득의 십일조를 드리나이다"(눅 18:11-12). 이 경건한 바리새인은 일주일에 두 번씩 금식을 했다. 다른 문헌을 봐도 그와 같은 정기적인 금식은 유대인들에게는 절대적인 것이었다. 여기서 분명히 할 것은 예수님이 유대인의 십일조나 금식 자체를 반대하지 않으셨다는 점이다. 예수님이 싫어하셨던 것은, 속마음은 여전히 하나님 앞에서 거만하면서도 겉으로는 옳게 보이는 행동을 하면서 자신의 의를 드러내는 그들의 위선이었다. 경건한 유대인들이 일주일에 두 번씩 금식했다면 예수님과 제자들도 금식을 했을 것이다. (적어도 얼마간은 함께 금식하며 시간을 보냈을 것이다.)

예수님이 비유를 들어 공개적으로 혹평하신 위선자와는 대조적으로, 금식을 실천했던 경건한 유대인의 좋은 예로는 안나를 들 수 있다. 그녀는 시므온이라는 사람과 함께 성전에 기거하며 하나님이 가난한 자들에게 베풀어 주실 정의를 고대하던 사람이었다. 여기서 주목할 것은, 그녀의 금식이 하나님 나라가 이 땅에 더디 이루어지는 것에 대한 반응이었다는 사실이다. 누가는 안나에 대해 이렇게 말하고 있다. "이 사람이 성전을 떠나지 아니하고 주야로 금식하며 기도함으로 섬기더니"(눅 2:37). 안나는 날마다 금식했던 것으로 보인다. 아침부터 저녁까지, 아니면 보궤 수사처럼 저녁부터 다음날 저녁 전까지 금식했을 것이다. 그런 정기적인 금식이 내가 여기에서 말하는 **몸의 훈련**이다.

사실 예수님과 제자들이 금식했다는 사실보다 더 중요한 것은, 당시 유대인들이 예수님과 제자들이 **금식하지 않는** 것을 보고 놀랐다는 점이다(막 2:18-22). 그들은 예수님을 찾아와 "요한의 제자들과 바리새인의 제자들은 금식하는데 어찌하여 당신의 제자들은 금식하지 아니하나이까?"(막 2:18)라고 물었다. 10장에서 '종말론적 금식'에 대해 구체적으로 이야기하겠지만, 당시 유대인의 신앙에서 금식은 필수적인 요소였기 때문에 예수님이 금식을 하지 않는다는 것은 그들에게 큰 충격적 사실이었다. 분명 예수님은 금식을 중지시키셨다. 그러나 그것은 **예수님이 메시아 공동체와 함께 있을 동안에만** 해당되는 것이었다. 그를 "빼앗길 날"이 오면 **그 후에는** 예수님의 제자들도 여느 유대인처럼 정기적인 금식을 하게 될 것이라고 말씀하셨다(막 2:20).

비록 신약에 포함된 자료는 아니지만 초기 기독교 문헌인 「디다케」도 그 사실을 증명하고 있다. 디다케 8:1을 보면 다음과 같은 유명한 구절이 있다. "그러나 너희의 금식이 위선자들의 금식과 동일해지지 않도록 조심하라. 그들은 월요일과 목요일에 금식하지만 너희는 수요일과 금요일에 금식해야 한다." 비록 유대인과 그리스도인들 간에 명확한 경계를 긋기 위해 쓴 내용이기는 하지만 초기의 그리스도인들이 수요일과 금요일에 고정적으로 금식했다는 것은 이 내용을 통해 분명히 알 수 있다. 그들은 아침 식사를 하고 나서 낮 시간에는 음식을 먹지 않았고(아마 물도 마시지 않았을 것이다), 저녁이 되어서야 식사를 했다. 저녁을 먹고 다음 날 오후까지 금식을 했을 가능성도 있다. 이처럼 몸의 훈련은 예수님 시대로부터 기인한다.

초대교회 그리스도인들이 금식을 **했다**는 것은 확실하지만 **왜** 금식을 했는지는 분명하지 않다. 따라서 그들의 동기에 우리의 의도를 투사해서는 안 된다. 그들은 영적으로 성숙하기 위해서 금식했을까? 정욕과 죄를 다스리기 위해서였을까? 기금을 모아 가난한 사람들을 돕기 위해서였을까? 하나님께 무엇인가를 요청하기 위해 기도하며 시간을 보낸 것이었을까? 하나님의 군사로서 마치 군인이 자신의 위치에서 할당된 구역을 지키듯 금식하며 공동체를 지키려는 의도였을까? 아마도 이 모든 것들이 그들이 금식을 한 이유일 것이다. 하지만 정직한 학생은 모르는 것은 모른다고 말한다. 그들은 초기 그리스도인들이 왜 고정적으로 금식했는지 알 수 없음을 시인할 것이다.

설사 그렇다 하더라도, 그들이 비통하고 엄숙한 상황 앞에서 금식했을 것이라는 점은 분명하다. 앞서 살펴본 주제들에 비추어볼 때, 몸의 훈련은 죄를 발견한 고통, 타락한 시대 현실, 거룩과 사랑에 대한 갈망 등에 대한 반응으로 행해졌다고 볼 수 있다.

교회 전통 속에서의 몸의 훈련

나는 몸의 훈련이 성경과 초기 교회의 실천과 믿음을 적절하게 계승한 훈련이라고 생각한다. 하지만 이러한 몸의 훈련이 위험하게 과장될 가능성도 배제할 수 없다.[8)] 이 문제는 전적으로 몸의 이미지와 관계가 있는데, 인간에 대한 총체적 인식(몸과 영혼의 통합)과 비통하고 엄숙한 상황에 대한 반응이라는 조건을 주지 한다면, 그리스도인들의 금식은 올바르게 행해질 것이다. 하지만 인간의 몸을 악한 욕망이 거주하는 일시적인 장소로 생각하는 순간, 금식은 불건전한 방향으로 흐르기 쉽다.

이러한 위험성을 설명하기 위해 한 가지 대표적인 예를 들어 보겠다. 고행자 시므온은 사순절 기간 내내 아무것도 먹지 않고 금식을 하겠다는 목표를 세웠다. 오랜 세월 고행으로 다져진 그의 의지력은 목표를 충분히 달성할 수 있을 만큼 강력했다. 그는 자신의 몸을 기둥에 묶어서 선 채로 기도했고, 나중에는 혼자 힘으로 일어서서 기도하는 수준까지 이르렀다. 보궤 수사는 시므온이 '실로 엄청난 자기 극복'에 이르렀다고 말했다.[9)] 물론 맞는 말이다. 하지만 그것은 그다지 중요하지도, 필요하지도, 경쟁할 가치도 없는 자기 극복이다. 우리는 그의 고행이 진정한 영적 성장의 표현이었는지, 아니면 의지력의 과시였는지 진지하게 물어야 한다.

절제

수요일과 금요일의 금식은, 몸의 욕망을 다스림으로써 하나님이 의도하신 삶을 전인적으로 살아내기 위해 그리스도인이 행하는 의식적인 행위로 자연스럽게 자리잡았다. 그들은 결코 인간의 몸을 괴물로 보지 않았다. 죄된 욕망들은 억제하면 되었고 그러기 위한 최고의 방법은 그 욕망을 '거부'하는 것이었다. 금식에 관한 책 중에 가장 널리 읽힌 책을 한 권 꼽으라면 아서 월리스(Arthur Wallis)의 「하나님이 기뻐하시는 금식 기도」(God's Chosen Fast, 기독교문서선교회)를 들 수 있다. 그는 욕망의 문제를 다음과 같이 언급하고 있다. "난로 안에서 불타고 있는 석탄은 신경 쓸 필요가 없다. 단지 석탄이 난로 밖으로 튀어나와 온 집에 화재를 일으키지 않도록 주의를 기울이면 된다."[10] 초기 그리스도인들의 신앙이 건강하게 성장할 수 있었던 것은 욕망(주로 성적인 욕망이지만 식탐도 포함된다)의 석탄들이 튀어나와 삶을 잿더미로 만들지 않도록 적절한 훈련으로서 금식을 행했기 때문이다.

독신과 성욕의 억제

독신이 그리스도인의 이상적인 삶의 형태로 부각되면서(독신주의의 논란에 대해서는 이 책에서 깊이 다루지 않을 것이다), 몸의 훈련으로서의 금식이 성적 욕망을 억제하는 매우 효과적인 방법으로 인식되기 시작했다. 독신주의를 이상화할 때마다 몸의 이미지는 북극의 빙하처럼 꽁꽁 얼어붙는다. 인간이 오랫동안 굶으면, 혹은 좀더 종교적으로 말해서 열성적으로 금식을 실천하면, 성욕이 현저히 줄어든다는 사실은 의학적으로도 증명되었다(성욕은 물론이고 다른 욕구들도 줄어든다고 한다). 하지만 성욕을 포함한 대부분의 욕구는 본질상 건강한 것이다.

이집트의 성 안토니우스는 대표적인 금욕 수도사로, 음식을 거의 먹지 않고 살았던 인물이다. 그의 금욕에 감명을 받은 초기 그리스도인들도 점차 극단적인 금식을 감행하기 시작했고, 그중에는 인간의 육신에 대해 비기독교적이고 왜곡된 개념을 갖고 있는 사람들도 있었다. 한 예로, 초기 기독교의 거장 히에로니무스는 「최초의 은둔자, 바울의 생애」(Life of Paul, the First Hermit)라는 책에서 다음과 같이 이야기했다. "내가 본 수도사들 중에는 30년간 은둔 생활을 하면서 거친 보리빵과 흙탕물로만 끼니를 때우는 이가 있었고, 하루에 말린 무화과 열매 다섯 개만 먹는 이도 있었다.… 믿는 자에게 능치 못할 일이 없다는 사실을 믿지 않는 사람에게는 이런 일들이 도저히 믿기지 않을 것이다. 하지만 예수님과 천사들이 이 모든 일들에 증인이 되신다."[11] 많은 사람들이 극단적인 금식을 이상적으로 여기기 시작했지만, 아무도 그런 금식에 동반되는 거식증이나 기아로 인한 죽음에 대해 알려 하지 않는다. 시에나의 성녀 카타리나와 성 프란체스코 역시 굶주림 끝에 아사한 사람들이다. 그리고 과거에는 그런 사람들이 수도 없이 많았다.

극단적인 금식은 특히 여자들과 관련이 깊다. 남성들이 여성들에게서 매혹적인 면들을 찾기 때문에 여성들은 극단적인 금식을 감행했던 것이다. 어떤 측면에서 꽤 극단적인 면모를 보였던 히에로니무스는 여성들을 괴롭히는 말이나 여성의 몸 이미지를 새롭게 규정하는 말들을 내뱉었고, 이상적인 여성에 대해 이렇게 말하기도 했다. "애통하며 금식하고, 먼지를 뒤집어쓰고 눈물로 범벅이 된 여인…시편이 자신의 음악이고 복음이 대화의 재료이며 절제가 최고의 사치, 금식이 곧 자신의 삶이다. **음식을 먹지 않는 여인만큼 내게 즐거움을 주는 여인은 없다**."[12] 심리학자인 나의 아내는 거식증 문제로 고통받는 상당수의 여성들을 상담했고, 슬픈 일이지만 대학에서 학생들을 가르치는 나 자신도 동일한 문제를 가진 학생들을 몇 명 본 적이 있다. 심지어 거식증으로 죽은 학생도 있었다. 그래서 히에로니무스의 글처럼 극단적 금식에 관한 얘기를 들을 때면, 그것이 단순히 종교적 훈련 차원을 넘어 생사의 문제와 직결되어 있다는 생각이 든다. 인간이 이상적으로 여기는 것들은 때로 매우 위험할 수 있다.

문제: 몸의 훈련이 몸의 전쟁이 되는 것

사람은 누구나 정욕과 탐심, 교만, 권력 그리고 인간성을 말살시키는 여타 다른 욕망들과 싸워야 한다. 모한다스 간디는 극기심을 계발하기 위해 사람들과 함께 금식한 후 이런 말을 했다. "그러나 개인적으로는 금식으로 인해 신체적인 면이나 도덕적인 면에서 큰 유익이 있었다고 확신한다."[13] 분명, 금식은 반응이라는 B영역에서 결과라는 C영역으로 우리를 인도해 주는 면이 있다. 내가 염려하는 것은, 성경에는 육체라는 괴물을 정복하기 위한 수단으로서의 금식을 결코 언급하지 않는다는 사실이다. 금식은 결코 영으로 육체의 욕망을 극복하는 수단이나, 어느 한쪽이 죽을 때까지 싸우는 전투에서 육체를 이기기 위한 수단이 아니었다. 그런데 많은 사람이 금식을 육체와의 전쟁으로 여기고 있다. 이는 어떤 결과를 노리고 금식을 수단으로 이용하는 태도다. 좀더 노골적으로 말하면, 어떤 사람들에게는 금식이 몸의 훈련을 넘어 몸의 전쟁이 되어 버렸다. 안타깝게도, 금식이 엄숙한 상황에 대한 반응이라는 점을 너무도 자주 잊어버리기 때문에 몸의 전쟁으로서의 금식이 중심을 차지하고 마는 것이다.

교회가 이와 같은 몸의 전쟁에 대해 알게 된 것은, 성 아타나시우스의 전기에 기록된 성 안토니우스의 삶 때문이다.[14] 성 아타나시우스는 성 안토니우스에 대해 이렇게 말했다. "육체의 욕망이 가장 약해졌을 때 영혼의 힘이 강해진다는 것이 그의 지론이었다." 20여 년간 은둔해 있던 성 안토니우스가 어느 날 홀연히 사람들이 사는 마을에 나타났을 때, "그의 영혼은 맑고 순결했다.…[왜냐하면 그는] 자신을 전적으로 통제할 수 있었기 때문이다. 그는 오직 이성에 의해서만 움직이는 안정된 성품의 소유자였다." 간단히 말해서, 금식을 포함한 엄격한 금욕 훈련을 통해 육체의 욕망을 정복하고 거룩에 이르는 것, 이것이 바로 몸의 전쟁이다.

자신의 괴물 같은 욕망을 정복하거나, 이미 정복된 욕망이 다시 부활하지 못하도록 관리하는 수단으로서의 금식은 불가피하게 인간의 몸과 영혼을 분리시킨다. 모든 금욕주의 전통은 금식이라는 몸의 훈련에 그 뿌리가 있다. 하지만 불필요하게 과장된 금식 행위들은 대부분, 통합체로서의 인간의 개념이 왜곡되어 불건전한 이원론에 빠질 때 나타난다. 아타나시우스는 성 안토니우스의 삶을 요약하면서, 내가 불건전한 이원론이라고 표현한 내용들을 언급하고 있다. "거룩한 영혼에만 집착했던 그는, 먹거나 자거나 육체의 필요들을 채우려고 할 때마다 수치심에 사로잡혔다." 그는 또한 영혼이 "몸의 쾌락에 절대로 이끌려서는 안 되며, 영혼이 몸을 지배해야 한다"고 생각했다.

나는 여기서 몸의 훈련으로서의 금식에 아무런 유익이 없다고 주장하는 것이 아니다. 그런 식의 부정은 매우 어리석은 것이다. 성 안토니우스의 금욕적인 삶에서 어떤 식으로든 감동을 받지 않은 이는 없을 것이다. 아타나시우스가 말한 것처럼 "이 은둔자의 이야기는 스페인과 갈리아, 로마와 아프리카 전역으로 널리 퍼져나갔다." 우리는 성 안토니우스 같은 이들의 명성과 영향력을 인정하면서도 동시에 두 가지를 기억해야 한다. 첫째로 엄숙한 상황이 몸의 훈련의 직접적인 동기가 되어야 한다는 것, 둘째로 몸의 훈련이 영혼과 육체의 전쟁으로 발전해서는 안 된다는 것이다.

해결: 몸의 전쟁이 아닌 몸의 훈련

훈련으로서의 금식은 성경 안에 숨어 있는 주제들을 부각시킨다. 그 누구도 죄된 욕망들을 통제하는 것의 중요성에 이의를 제기할 수 없을 것이다. 남자든 여자든 다른 사람의 배우자와 성적인 관계를 맺는 것은 결코 옳지 않다. 그런 욕망을 억제하는 것은 그리스도인이 해야 할 좋은 훈련이다. 누군가가 자신의 도덕적 삶을 지속적으로 점검해야 할 필요성을 상기하기 위해 고정 금식을 한다면, 그것은 매우 좋은 것이다. 중요한 것은 몸의 훈련이라는 배가 엄숙한 상황이라는 부두에 단단히 정박해 있는 것이다. 사실상 몸의 훈련의 목적은, 전 삶을 비통하고 엄숙한 시기로 만들어서 지속적으로 죄와 씨름하고 거룩과 사랑 가운데 성장하려는 데 있다. 그리고 이 모든 것이 다 선하고 유익하다.

그런데 오래 전부터 그리스도인들은 성과 음식에 대한 건강하지 못한 인식을 가져 왔다. 성적인 욕구를 죄악시하거나 식욕을 저속한 욕구로 생각하는 순간, 기독교의 금식 훈련은 정당한 욕구를 괴물로 추락시키고, 몸은 즉시 '나쁜 것'이 된다. 우리는 풍부한 성적 이미지로 가득 찬 아가서가 성경에 포함되어 있다는 사실을 기억해야 한다. 아울러 세례 요한과 달리 예수님은 "먹기를 탐하고 포도주를 즐기는 사람"으로 알려졌다는 사실도 잊지 말아야 한다(마 11:16-19). 성경이 하나님과 그분의 백성의 관계를 아름다운 성적 관계로 설명하고(호 1-3), 천국에서의 영원한 삶을 음식과 포도주가 가득한 잔치에 비유했다면, 인간의 성욕과 식욕은 매우 선한 것이다. 물론 때로 부도덕한 성욕과 식탐을 금식으로 다스릴 필요가 있다 해도 말이다.

7장

몸의 절기

위대한 설교가인 존 웨슬리(John Wesley)는 과거에는 금식이 상당히 관례적으로 이루어졌다고 말한다. "우리가 옥스퍼드 대학교에 다니던 시절에는, 모든 감리교인은 (병이 난 경우를 제외하고) 매주 수요일과 금요일에 금식하는 규정을 따랐다. 그것은 그들이 가장 존경하던 초대교회의 본을 따른 것이었다."[1] 그러나 감리교인들 사이에서 행해지던 금식은 시간이 지날수록 현저하게 줄어들기 시작했다.

현재 영국과 아일랜드에는 수천만의 감리교인이 있지만 그들은 좋지 않은 본보기를 따라 금식을 아예 내팽개쳐 버렸다. 그들은 일주일에 두 번(엄격한 바리새인들이 그랬던 것처럼)은 고사하고 한 달에 두 번도 금식하지 않는다. 그렇다. 여러분 중에도 새해 첫날부터 마지막 날까지 단 하루도 금식하지 않는 사람이 있지 않은가?

존 웨슬리는 당시 감리교인들에게 한 치의 양보 없이 따끔한 질책을 가했다. 웨슬리에게 금식은 영성의 상징 그 자체였기 때문이다. "한 번도 금식하지 않는 사람은 한 번도 기도하지 않는 사람만큼이나 천국에서 멀어져 있다."[2]

웨슬리의 준엄한 경고를 어떻게 받아들이든 간에, 시대가 변했다는 것은 부인할 수 없다. 아마도 웨슬리는 자신의 주장을 과장되게 표현할 정도로 거룩과 기도와 금식에 대한 열정에 사로잡혀 있었던 것 같다. 아마 그랬을 것이다. 하지만 오늘날에는 서양의 교회 어디를 가더라도 금식이 참된 영성의 상징이라는 주장이 받아들여질 만한 곳은 거의 없다.

무슨 일이 일어난 걸까?

21세기 사람들이 금식에 관심이 없는 것은 의식을 도외시하는 사회적인 문제 때문만은 아니다. 그것은 몸에 대한 인식과 몸이 영성에서 차지하는 역할의 문제다. 대다수의 그리스도인들이 금식에서 멀어지고 교회력에서 금식이 사라지게 된 배후에는 그 외에 또 다른 요인들도 있다.[3] 로버트 웨버가 췌장암으로 사망하기 전 마지막으로 쓴 책을 보면 그가 얼마나 교회력을 소중히 여기고 그 영향력을 중시했는지를 알 수 있다. 그는 「고대-미래 예배」(*Ancient-Future Worship*)[4]라는 책에서 "예배는 하나님의 이야기를 행하는 것이다!"라고 힘주어 말했다. 즉 참된 기독교 예배는 해마다 교회력을 따르며 하나님의 구속 이야기를 살아내는 것이다. 해마다 그 이야기를 따라 행하다 보면 우리는 그 이야기에 적절히 반응하는 생명력 있는 금식을 하게 될 것이다.

그러나 16세기 이후부터, 개혁주의 개신교가 로마가톨릭과 (그리고 동방정교회와) 서서히 분리되었고, 자연히 교회력과도 멀어지게 되었다. 침례교나 다른 초교파 세력들과 같이 적극적으로 분리되어 나갔던 저교회파 교회들과 달리, 영국 가톨릭처럼 의식을 중시했던 고교회파 개신교는 그만큼 분리 현상이 심각하지 않았다. 그러나 한 가지 분명히 말할 수 있는 것은, 내가 다니던 교회의 전통은 기독 교회의 교회력에 따른 금식에 한 번도 동참한 적이 없었다는 사실이다. 교회력은 대부분 사라졌고 오직 성탄절(강림절이 아닌)과 고난 주간(성 금요일과 부활절이라고도 부르는)만 지키는 셈이 되었다.

오늘날 대부분의 서양 교회는 기독교 전통으로서의 경건한 금식을 언급하지 않는다. 솔직히 말하면 그것이 무엇인지조차 모른다. 우리는 더 이상 수요일과 금요일에 (혹은 그중 한 날에) 일상적으로 금식하지 않는다. 안식일을 준비하기 위해 토요일에 금식한다는 것은 상상도 못할 일이고, 성찬이나 세례식 전에도 금식하지 않는다. 우리는 사순절이 어떤 날인지 알기는 하지만, 많은 복음주의자들은 그것을 가톨릭 교회에서 지키는 절기로 여기고 우리는 종교적 의식에서 해방되었기 때문에 뭔가를 할 필요가 없다고 생각한다. 이렇듯 교회력의 대대적인 말소는 기독교 예배에 있어 기억이 가지는 중요성마저 없애 버렸다. 가장 심각한 문제는, 예전을 중시했던 교회들이 지켜 온 큰 소리로 함께 성경을 읽는 관습을 완전히 무시하고 있다는 것이다. 왜일까? 다시 한 번 말하지만 답은 간단하다. 교회력은 가톨릭 교회가 지키는 것이므로 우리는 그것을 하지 않는다는 것이다. 이렇게 교회력을 없애 버리는 것은 우리의 기억 속에서 교회 역사의 4분의 3을 잘라내는 것이고, 결과적으로 심각한 침체를 야기할 수밖에 없다.

이처럼 거룩한 리듬을 역동적으로 창조해 내는 교회력이 말소된 역사를 살펴보던 나는 마침내 예수님의 기도 생활을 연구하는 데까지 이르렀다. 그리고 그 연구로 인해 탄생한 책이 「교회와 함께 기도하기」(*Praying with the Church*)다. 나는 이 책을 쓰면서 교회력의 가치를 더 깊이 깨닫게 되었고, 금식의 전체적인 역사도 볼 수 있었다.[5] 그리스도인들이 교회력을 따라야 한다는 가장 분명한 근거는 **하나님이 이스라엘 백성에게 절기를 정해 주셨다**는 데 있다. 하나님이 이스라엘에게 좋은 것이라고 생각하셨다면 그것은 교회에도 좋은 것이다. 초대교회에 자신들만의 새로운 교회력이 없었던 이유는, 그들이 여전히 유대교의 교회력을 사용하고 있었기 때문이다. 그리고 유대교의 교회력에는 연례 금식이 포함되어 있다.

자, 다시 한 번 A→B→C 형태로 돌아가서 엄숙한 상황, 금식이라는 반응, 결과에 대한 이야기를 해 보자. 고대 이스라엘의 교회력에서 금식은 가장 중요한 두 가지 사항에 대한 반응이었다. 그 두 가지란 이스라엘 민족의 공동체적인 삶과 개인의 거룩한 삶으로, 이 두 가지는 너무나 엄숙한 것이었기에 하나님은 율법을 통해 연례 금식을 행할 것을 지시하셨다. 이후 그리스도인들도 이런 금식을 따랐고, 두 가지 유사한 사항 즉 교회 공동체의 거룩함과 개인의 거룩한 삶을 위해 금식으로 반응했다(나는 교회력에 따라 행한 이와 같은 연례 금식을 몸의 절기라고 칭하겠다). 몸의 절기는 단순한 도구적 행동이 아닌, 개인과 공동체적 삶에 대한 심원하고 조직적이고 연례적인 반응으로서의 금식이었다.

그러면 지금부터 초대교회의 몸의 절기가 보여 주는 다섯 가지 특징을 살펴보자. 우리가 기억해야 할 것은 이런 특징들이 19-20세기까지 거의 모든 교회들에서 유지되고 있었다는 점이다. 우리는 오늘날의 교회가 이러한 특징들을 어떻게 회복할 수 있을지 고민해야 한다.

고정 금식: 수요일과 금요일

우리가 앞 장에서 살펴본 바와 같이 종교개혁 이전의 고대 그리스도인들의 신앙 생활에서 가장 두드러지게 나타나는 특징은 모든 그리스도인들(건강상의 문제가 있는 경우를 제외하고)이 매주 수요일과 금요일(축제의 기간이나 공식적으로 금식하지 않기로 한 경우를 제외하고)에 금식을 했다는 것이다. 이런 종류의 금식을 '고정 금식'(stationary fast)이라고 불렀다. station이라는 단어는 원래 라틴어의 '스타티오'(*statio*)에서 유래했는데 이는 '집단'을 뜻하는 군사 용어였다. 따라서 이 말은 집단적으로 음식을 먹지 않기로 결심한다는 뜻을 내포하고 있다. 즉 이 금식의 본질은 그룹 금식이라고 할 수 있겠다. 교회가 금식하기 위해 함께 모이는 것이다. 고정 금식은 정오나 오후 3시까지, 혹은 저녁(저녁 기도를 드리는 시각)까지 모든 그리스도인이 음식을 먹지 않는 날을 말한다.

요즘 세상에 일주일에 이틀씩이나 금식한다는 것은 다소 과하다는 생각이 들 수 있다. 하지만 창의적인 방법으로 고정 금식을 우리 신앙 생활에 접목시킬 수 있을 것이다. 예를 들면 한 달 동안 일주일에 하루 이틀 정도 아침부터 저녁까지 금식하는 것은 가능할 것이다. 나는 금식이 무엇을 얻기 위한 수단이나 도구로 전락하는 것을 강력히 반대하는 입장이므로, 고정 금식을 교회력에 포함시켜 각 금식의 날 동안 주요 사건들에 집중하는 방식을 제안한다. 예수님 생애의 중요한 사건에 초점을 맞출 수도 있고, 매주 하루를 할애해 국가나 세계의 주된 문제들, 이를테면 가난, 환경, 정의, 경제, 국제 분쟁 등을 놓고 금식하며 기도할 수도 있다. 예수님 생애의 주요 사건들이나 오늘날 우리가 당면하는 이 시대의 수많은 문제들은 금식으로 반응해야 할 매우 비통하고 엄숙한 사건이다.

이제 고정 금식의 세 가지 특징을 간략하게 살펴보자. 그리스도인들은 금식의 방식을 매우 진지하게 고민했고, 유대교의 금식을 최대한 기독교적으로 변형하기 위해 노력했다.

고대의 관습. 기독교의 고정 금식은 유대교 관습과 예수님의 기도 생활에서 유래한 것이다. 유대교에서는 매주 월요일과 목요일에 금식을 했고, 해가 뜰 때부터 질 때까지 혹은 저녁 식사 이후부터 다음날 정오나 저녁까지 금식했다. 예수님은 자신을 따르는 제자들이 금식을 해야 한다는 전제가 담긴 말씀을 두 번 하셨다. 한 번은 산상수훈을 전하시며 제자들의 금식이 다른 사람의 이목을 끌기 위한 것이어서는 안 된다는 의미로 금식의 실천을 거론하셨고(마 6:16-18), 두 번째는 예수님이 하나님께로 돌아간 후에 제자들이 다시 정규적인 금식을 하게 될 것이라고 말씀하셨다(막 2:18-22). 이 두 가지 사례 모두에서 예수님이 의도하신 금식은 회개나 애통하는 마음이나 간구를 표현하기 위해 일시적으로 하는 금식이 아니라 고정적으로 이루어지는 금식이었다.

엄격한 금식. 요한 카시아누스라는 이름은 '엄격함'이라는 단어와 교회의 금욕적 전통을 즉각적으로 떠올린다. 압트(프랑스 남동부 지역)의 주교 카스토르는 카시아누스에게 헌신된 신앙인이 어떤 삶을 살아야 하는지 물었고, 그래서 탄생한 것이 카시아누스의 그 유명한 「영성신학 강요」(Institutes)였다. 카시아누스의 가르침을 담은 이 책은 이후 「베네딕트회 규칙」에 큰 영향을 미쳤고 그것을 통해 서방과 동방 교회의 영성이 형성되었다고 말해도 과언이 아니다. 카시아누스는 「영성신학 강요」에서 매우 철저하게 금식을 수행하는 몇몇 그리스도인들 이야기를 들려준다.

> 그러므로 내적인 씨름(몸의 훈련)에서 진보하고자 하는 수도사는 다음의 사항들을 각별히 유의하지 않으면 안 된다. 어떤 경우든지 진미(달콤하고 향긋하며 기름진 음식)를 섭취하지 않아야 하고, 금식(스타티오)이 끝나거나 적절한 휴식 시간이 찾아오기 전에는 식사 시간 외에 어떤 것도 먹거나 마시지 않아야 하며, 식사 시간이 끝나면 아무리 소량의 음식이라도 섭취해서는 안 된다.[9]

이러한 수도사들의 이상은 평신도들에게도 영향을 미쳤다. 많은 사람이 진지한 자세로 금식을 실천했으며, 수도사들은 이와 같은 규칙을 세세하게 실천할 것을 요구받았다.

금식의 기독교화. 초기 그리스도인들은 주변의 유대인들과 구별되기 위해서 그들과 다른 날에 금식을 했다. 월요일과 목요일에 금식했던 유대인과 달리 그리스도인들은 수요일과 금요일을 선택했고 그 이유도 신학적으로 설명하고자 했다. 신앙으로 인해 주후 311년 11월 24일 막시미아누스 황제에 의해 처형당한 베드로는, 초기 그리스도인들이 관습적으로 이해하고 있었던 신학적 이유를 제공한 사람이다. "우리가 일주일 중 넷째 날(수요일)과 안식일을 준비하는 날(금요일)에 금식하는 것을 비난할 사람은 아무도 없을 것이다. 그날의 금식은 전통에 따른 합법적인 금식이다. 왜냐하면 넷째 날은 유대인들이 우리 주님을 배반하는 데 공모했던 날이고, 여섯째 날은 예수님이 우리를 위해 고난 받으신 날이기 때문이다."[7] 수요일에는 예수님이 배반당하시며 느낀 고통에 동참하기 위해, 금요일에는 예수님의 십자가 고난에 반응하기 위해 금식한 것이다.

고정 금식은 이렇게 교회 관습의 하나로 자리를 잡았고, 존 웨슬리는 「존 웨슬리의 일기」(*Journal*, 크리스챤다이제스트)에서 1739년 8월 17일 금요일에 이런 일기를 남겼다. "사람들은 예정대로 오후에 만나, 우리 모임의 모든 구성원은 우리가 속한 교회의 가르침에 순종하여 '일 년의 모든 금요일'을 '금식과 절제의 날'로 정하자고 합의했다. 아울러 형편이 허락되는 대로 따로 모여서 한 시간 동안 함께 기도하자고 의견을 모았다."[8] 이 일기를 적었을 때 웨슬리의 나이는 대략 스물다섯 살이었고, 이후 평생 금식을 실천했다.

안식일과 주일은 금식을 피하라

금식해야 할 때가 있다면 금식하지 말아야 할 때도 있다. 그리고 안식일과 주일이 바로 금식을 해서는 안 되는 날이다. 왜냐하면 "안식일은 창조를, 주일은 부활을 기념하는 날이기 때문이다."[9] 그러나 그리스도인들은 안식일에 금식하는 예외 규정을 두었다. 그들은 성 금요일 다음 날인 토요일(안식일)에는 금식을 했는데 그날은 예수님이 '지하에 묻혀 있던' 날이기 때문이다. 그날은 그리스도인들에게 축제가 허용되지 않았던 유일한 안식일(대 안식일)이었다.

주후 220년경에 사망한 초기 기독교의 위대한 변증가 테르툴리아누스가 한 말을 보면, 당시의 일반적인 믿음과 관습이 어떠했는지를 알 수 있다. "우리는 주일에 금식을 하거나 예배 도중 무릎 꿇는 행위를 적절하지 않은 것으로 간주한다."[10] 왜냐하면 예수님의 부활을 기뻐하는 날에 그런 행위는 전혀 어울리지 않는다고 판단했기 때문이다. 하지만 금욕적 수행에 열중하고 극단적인 고행도 마다하지 않았던 히에로니무스는 주일에도 금식할 수 있으면 좋겠다고 유감의 뜻을 나타내기도 했다.[11] 그의 말은 초기 그리스도인들이 주일에 금식하지 않는 것을 얼마나 중요하게 여겼는지를 증명한다.

그들이 이러한 문제를 얼마나 심각하게 다루고 있는지는 또 다른 초기 기독교 문헌의 하나인 「사도헌장」(Constitutions of the Holy Apostles)의 규칙 64조를 보면 알 수 있다. "[대 안식일을 제외하고] 주일이나 안식일에 금식하는 성직자가 있으면 성직을 박탈하고 평신도인 경우에는 제명하라."[12] 4세기경에 개최된 강그라 공의회 회의록에는 다음과 같은 규정이 있다. "금욕이라는 허울 아래 일요일에 금식하는 자가 있다면 그는 저주를 받을 것이다."[13]

이러한 내용들이 우리에겐 믿기 어려운 일들이지만 그들에겐 매우 중요한 문제였다!

성찬 전의 금식

초기 기독교에서 교회력을 따라 금식했던 관습은 오늘날 우리가 본받을 만한 가치가 있다. 교회 역사를 살펴보면 그리스도인들은 성찬을 행하기 전에 금식을 했고 성찬 음식을 먹음으로써 금식이 공식적으로 끝났다. 이스라엘 백성이 금식하면서 속죄일을 준비했듯이 그리스도인들도 주의 몸과 피를 먹고 마시는 날을 금식으로 준비한 것이다. 성찬 전날 저녁 혹은 당일 아침부터 시작된 이 금식은, 자신의 죄를 회개하는 금식이었다. 그것은 예수님의 살과 피를 먹고 마시는 행위를 통해 상징적으로 표현되는 그분의 죽음이 가져다주는 속죄의 능력을 체험하도록 준비시키는 역할을 했다.

그들은 또한 성찬을 거행하는 데 가장 좋은 시간이 언제인지도 논의했다. 서구 교회의 첫 천 년의 역사에서 가장 영향력 있는 인물 중 한 사람이었던 성 아우구스티누스는, 교회 지도자들에게 금식을 하는 사람들이 성찬에 참여하기 전에 금식을 종료하는 일이 없도록 제9시(오후 3시 가량) 전에 성찬을 거행하라고 권했다. "성찬을 거행하는 날, 성찬 전에 금식을 끝내도록 종용하는 일도, 금식을 끝내지 못하게 하는 일도 없도록 하려는 것이다."[14] 18세기경 존 웨슬리는 성찬 전의 금식에 대해 이렇게 말했다. "성만찬을 앞둔 주간에 금식의 날이 있다는 것은 이제 잘 알려진 사실이다." 그리고 스코틀랜드 교회가 금식의 날에 성대한 식사를 한다고 비난했다.[15]

성찬을 앞두고 주일 아침에 금식하는 것은 현대인들도 충분히 할 수 있는 일이다. 성찬을 위한 금식은 자신의 죄를 의식하는 순간과 예수님의 고난을 묵상하는 순간에 나오는 반응이며, 두 가지 상황 모두 금식이 필요한 진실로 엄숙한 순간이다.

세례받기 전의 금식

기독교는 1세기가 되기 전부터 유아 세례를 거행했기 때문에, 다른 종교를 믿다가 기독교로 개종하는 사람들에게만 세례

받기 전의 금식이 지정되어 있었다. 그리고 금식은 개종 과정의 핵심적인 절차였다.

우리는 앞에서 사도 바울이 회심 전에 금식을 했던 경우를 살펴보았고(행 9:9) 나는 현대의 교회들도 그런 모습을 본받아야 한다고 제안했다. 그 이유 중 하나는 교회가 세례받기 전의 금식을 지속적으로 강조해 왔기 때문이다. 물론 이때의 세례란 성인이 되어 회심을 하고 교리문답을 한 이후에 받는 세례를 말한다. 「클레멘트의 인정」(*Recognitions of Clement*)은 클레멘트와 사도 베드로의 만남을 내용으로 하는 교훈적인 소설이다. 이 소설에는 주후 3세기에 살았던 일부 그리스도인들의 종교적 관습이 드러나는데, 가장 주목할 만한 것은 세례 전에 금식해야 할 필요를 분명히 전제하는 대목이다. 니케타가 베드로에게 세례를 받고 싶다고 요청하자 베드로가 이렇게 대답한다. "먼저는 적어도 하루를 금식해야 합니다. 그래야 세례를 받을 수 있습니다."[16]

사순절

사순절을 엄격하게 지키는 환경에서 자란 사람들에게 이 기간은 무엇인가를 포기하고 절제하는 기간이다. 내가 아는 사람들은 보통 이 기간에 초콜릿이나 후식, 텔레비전 시청, 운동 경기, 외식 등을 삼간다고 말한다. 대부분 자신이 무척 좋아하는 것 혹은 건강에 안 좋은 것, 그래서 지나친 에너지나 시간을 빼앗는 것들을 선택해서 절제한다. 그리고 그것을 통해 예수님이 포기하셨던 것들을 되새기게 된다.

이러한 절제의 행위들은, 부활절을 앞두고 40일 동안 행했던 금식의 깊고 풍부한 전통을 현대적인 모양으로 바꾼 것이다. 이러한 40일간의 사순절 금식이 즉각적으로 교회 내에 자리잡은 것은 아니지만, 어쨌든 몇 세기 안에 이 전통은 '보편적인' 전통이 되었다. 전 세계의 교회가 이 사순절 금식을 지키게 된 것이다. 그런데 분명한 것은 교회마다 금식 기간이 달랐다는 것이다. 로마 교회들은 3주 동안 금식한 반면, 동방의 교회들은 무려 7주간 금식을 했다. 금식은 매우 엄격하게 진행되었다. 사순절 기간 동안 하루에 한 끼 식사만 허용되었고, 육류 혹은 흰살 고기를 먹을 수 없었다. 물론 예외의 경우도 있었고 식사 시간이 때때로 이른 아침에 놓이기도 했다. 금식은 대 안식일(성 금요일과 부활절 사이의 토요일) 자정에 끝이 났다.

초기 기독교가 사순절 금식의 기간과 성격을 정하는 데 완전히 일치한 것은 아니었지만, 이 기간에 자신을 돌아보고 죄를 고백하고 회개하고 금식함으로써 성 금요일에 주어지는 용서의 기적과 부활절에 주어지는 생명의 능력을 체험하도록 준비해야 한다는 데는 뜻을 같이했다. 사순절은 죄를 뉘우치고, 잘못된 욕구를 정화하고, 용서를 갈구하고, 거룩한 삶을 개발하기 위해 제정한 기간이었다. 그리하여 몸의 절기로서의 사순절 금식은 사순절 기간 고유의 관행으로 자리잡았다.

알렉산드리아 주교였던 성 아타나시우스는 현재 우리가 고백하는 기독교 신앙에 지대한 영향을 미친 지도자였다. 그는 주후 334년 부활절에 쓴 편지에서, 이스라엘 백성이 사십 년간 광야에서 방황했던 경험을 그리스도인이 사순절 기간에 체험하는 바의 전형으로 해석하며 금식의 필요성을 역설했다.

> 이스라엘 백성이 예루살렘에 들어가기 전 광야에서 성결케 되고 이집트에서 몸에 밴 관습을 잊어버리도록 훈련했듯이, 말씀이신 예수님은 40일간의 거룩한 금식을 통해 우리를 성결케 하고 부정한 것에서 벗어나게 해주신다. 우리가 금식에 집중한다면 언젠가 이 세상을 떠나 주님 계신 하늘나라에 들어갈 때 그분과 함께 먹고 마시며 천국의 기쁨에 잠여하는 자들이 될 것이다. **40일간 금식을 행하지 않고 예루살렘에 올라가 유월절 음식을 먹는다는 것은 결코 있을 수 없는 일이다.**[17]

40일이라는 기간과 광야에 있던 햇수를 연관시키는 것 외에도, 성 아우구스티누스는 모세와 엘리야가 40일 동안 금식했다는 사실, 예수님도 40일을 주야로 금식하셨다는 사실도 지적했다. 모세는 율법서에, 엘리야는 선지서에, 예수님은 복음서에 등장하므로, 이는 성경 전체가 40일 금식에 대해 증거하고 있음을 말해 준다![18]

공동 기도서

「공동 기도서」는 금식이라는 영성 훈련에 대해 많은 것을 가르쳐 주는 책이다. 다음에 소개하는 기도문은 재의 수요일에 드리는 예배에서 사용하는 시작 기도다. 재의 수요일은 사순절을 시작하는 첫 날이자 사순절의 핵심 주제인 죄와 회개, 금식과 용서받기 위한 준비 등을 상기시키는 날이다.

기도하라.

전능하고 영원무궁하신 하나님, 당신은 당신이 만드신 것을 결코 미워하지 않으시고 회개하는 모든 자의 죄를 용서하시는 분입니다. 우리 안에 죄를 깊이 뉘우치는 새로운 마음을 창조해 주셔서, 우리가 죄를 애통해하며 우리 사악함을 인정함으로써 모든 자비와 완전한 용서의 하나님이신 당신을 얻게 하옵소서. 성부 성령과 함께 사시고 영원 무궁히 다스리시는 우리 주 예수 그리스도의 이름으로 기도합니다. 아멘.

구약: 요엘 2:1-2, 12-17; 이사야 58:1-12

시편: 시편 103편, 혹은 103:8-14

서신서: 고린도후서 5:20하-6:10

복음서: 마태복음 6:1-6, 16-21

설교가 끝난 후에는 모두 자리에서 일어나고 예배 인도자나 성직자는 다음의 말로 모든 교인들이 거룩한 사순절을 지키도록 권면한다.

사랑하는 하나님의 백성이여, 초대교회 성도들은 우리 예수님이 고난받고 부활하신 날을 헌신적으로 기념하며 지켰습니다. 그리하여 참회와 금식의 기간을 마련하는 것은 교회의 전통이 되었습니다. 사순절은 개종자들에게 거룩한 세례를 준비할 수 있는 시간을 마련해 줍니다. 아울러 사악한 죄로 말미암아 믿음의 공동체에서 분리된 사람이 있다면 이 기간에 참회하고 속죄를 받아 교회에서의 친교를 다시 누릴 수 있습니다. 그러므로 모든 교인들은 우리 구주의 복음서에 기록된 용서와 면죄의 말씀을 기억하고, 또 우리의 회개와 믿음을 늘 새롭게 할 필요가 있다는 사실을 기억해야 합니다.

그러므로 여러분에게 스스로를 점검하고 회개하며 기도와 금식과 자기 부인과 말씀 읽기와 묵상으로 거룩한 사순절을 지키기를 교회의 이름으로 권면합니다. 올바른 회개를 시작하기 위해, 그리고 우리 생명의 유한함을 인식하는 의미에서, 창조주와 구세주가 되시는 주님 앞에 무릎을 꿇읍시다.

모든 교인이 무릎을 꿇고 잠시 침묵한다.

머리에 재를 뿌리는 경우에는 예배 인도자나 성직자가 다음의 기도를 드린다.

전능하신 하나님, 당신은 이 땅의 흙으로 우리를 창조하셨습니다. 이 재들은 우리의 유한한 생명과 참회를 상징하는 것이며, 우리가 영생을 얻은 것은 오직 하나님의 은혜로 말미암은 것임을 기억하게 하옵소서. 우리 구주 예수 그리스도의 이름으로 기도합니다. 아멘.

다음의 말을 하면서 재를 뿌려 준다.

당신은 흙이니 흙으로 돌아갈 것임을 명심하시오.

결론

이스라엘 사람들은 회개와 간구, 슬픔을 표현해야 하는 상황에서 즉각적으로 금식했을 뿐 아니라, 교회력에 맞춘 정기적인 금식을 행했다. 그들의 금식에서 한 가지 주목할 점은, 매주 월요일과 목요일 고정 금식을 통한 영성 훈련을 발전시켰다는 것이다. 예수님도 금식하셨으며 자신을 따르는 제자들도 유대교의 고정 금식에 참여해야 한다는 전제를 가지고 계셨다. 초대교회 그리스도인들 역시 금식했고, 당시 문헌에 나와 있듯이 주변의 유대교인들과 구별되기 위해 수요일과 금요일에 고정 금식을 했으며 그 금식을 예수님의 수난과 죽음에 동참하는 의미로 받아들였다. 그리고 기독교가 시작된 지 몇 세기 안에 전 교회가 사순절 기간 내내 금식하는 관행을 받아들였는데, 이 금식은 용서와 죄에 대한 승리, 부활절 예전을 통해 터져나올 생명의 기쁨을 축하하기 위한 준비로서의 금식이었다. 금식이야말로 교회가 받아들인 몸의 절기의 가장 두드러진 특징이었다.

이 장에서는 지면의 제약으로 많은 교회들의 다양한 금식 훈련을 절반도 소개할 수 없었는데, 특히 동방정교회의 금식을 소개하지 못한 점이 아쉽다.[19] '사계재일'을 비롯해 '승천 전 기도일'(Rogation Days)이라는 것도 있고 기타 축일과 연결된 철야기도 등도 시행되고 있다.[20] 모두 오늘날의 그리스도인들에게는 그 이름조차 생소한 날이다. 우리는 앞서 간 믿음의 선조들과 비교하여 오늘날 우리가 있는 자리는 어디인지 깊이 생각해 볼 필요가 있다. 어떤 영성 훈련이 법제화되거나, 단지 교회가 과거부터 행해 왔다는 이유로 무조건 따르는 것은 분명 위험한 일이다. 하지만 성경을 하나님의 말씀으로 받아들이는 그리스도인이라면, 그 하나님이 이스라엘 백성을 위해 금식을 법으로 제정하셨다는 사실을 기억할 필요가 있다. 그래서 교회는 그 거룩한 청사진을 따라, 예수 그리스도의 삶에 전적으로 초점을 맞춘 새로운 형태의 교회력을 만들었다. 우리는 하나님의 백성들이 예로부터 늘 지켜 왔던 것들을 무시할 수 없는 것이다.

이제 마르틴 루터의 말로 이 장을 끝맺겠다. 이 날카로운 필치의 종교개혁자는 그 유명한 산상수훈 주석에서 당시 가톨릭 지도자들의 금식 관행을 예리하게 파헤치고 있다. 그는 특유의 과장법으로 교황을 절대시하는 가톨릭 신자들의 위선을 신랄하게 비판한다. 좌우 양 진영의 모든 사람에게 경고한 후, 루터는 그리스도인들을 위해 두 가지 형태의 금식을 제안하는데, 바로 사회적 금식과 교회력에 따른 금식이었다. 사회적 금식은 정부가 시행하는 것으로서 루터에 의하면 수단적 성격이 강한 금식이다. "일주일에 하루나 이틀간 고기를 먹지도 팔지도 말아야 한다. 이것은 국가를 위해서도 유익한 법이 될 것이다. 지금처럼 게걸스럽게 먹어 치운다면 언젠가 아무것도 먹을 수 없는 궁핍한 시기가 오고 말 것이다." 이 모든 일들은 "국민들에게 조금 더 절제하는 법을 가르치기 위함이다." 그와 더불어 루터는 부활절, 오순절, 성탄절 전에 금식일을 제정하자고 건의했다. "젊은 이들과 일반 시민들이 계절을 늘 인식하고 한 해에 일어나는 변화들을 적절히 구분할 수 있도록 돕는 좋은 수련의 기회가 될 것이다." 그리고 그는 이렇게 덧붙인다. "절기와 상관없이 1년 내내 매주 금요일 저녁에 금식하는 것도 기꺼이 찬성한다."[21]

루터만큼 의식(儀式)의 위험성을 잘 간파한 사람은 없는데, 그런 그가 자신과 뜻을 같이하는 그리스도인들에게 교회력의 중요성을 역설하고 금요일 저녁과 연중 세 절기에 금식할 것을 권고한 것이다. 그렇다면 우리도 성경 말씀이 증거하고 교회가 따랐던 '몸의 절기'를 따르는 것이 어떨까?

8장
몸의 빈곤

모든 종교 전통은 어떤 중요한 영적 실천을 '언약의 길의 표지'[1]로 인식하는 경향이 있다. 즉 그 실천을 통해 하나님과 자신의 양심 그리고 세상을 향해 자신의 경건과 신앙 공동체의 인정을 증명하는 것이다. 이 '표지'는 언약의 여정에서 어떤 길이 신실한 믿음의 길인지 보여 주는 것으로, 교회마다 중요하게 여기는 표지들이 있다. 어떤 교회는 사회 정의에, 어떤 교회는 전도에, 또 어떤 교회는 성경공부에 초점을 두며, 그 외에 교회 출석이나 혼전 순결, 예전 등에 초점을 두는 교회들도 있다. 그러나 나는 지금까지 금식에 초점을 둔 교회를 본 적이 없다. 하지만 이사야 선지자는 금식을 확실한 '언약의 길의 표지'로 여기는 공동체에 속해 있었다(사 58). 그리고 역설적이게도, 공동체를 향해 던진 그의 경고는 중요한 영성 훈련으로서 금식의 존재 자체를 위협하는 듯 보인다.

"내가 기뻐하는 금식은 흉악의 결박을 풀어 주며 멍에의 줄을 끌러 주며 압제당하는 자를 자유하게 하며 모든 멍에를 꺾는 것이 아니겠느냐"(사 58:6). 바로 그 유명한 이사야서의 한 절이다. 이 말씀을 언뜻 보면, 이사야가 금식의 정의를 '음식을 먹지 않는 것'에서 '사회 정의를 위해 행동하는 것'으로 바꾸고 있는 것처럼 보인다. 하지만 천만의 말씀이다! 금식이 사회 정의를 구현하는 일로 바뀐 것으로 이해한다면 이 구절의 핵심을 놓친 것이다. 이사야의 날카로운 비판은 **금식을 하면서** 하나님이 자신의 간구에 응답하지 않는다고 원망하는 자칭 경건한 이스라엘 사람들을 향한 것이었다. 다시 말해, 금식을 하나의 수단으로 여기는 사람들을 향해서 금식의 의미를 다시 생각해 보도록 촉구하는 것이다. 이사야의 지적은 오늘날 우리가 금식을 어떻게 이해하고 또 어떻게 실천해야 하는지를 생각해 보도록 돕는다. 자, 그럼 이사야 58장을 자세히 살펴보기로 하자. 이 말씀은 오늘날 우리에게 시사하는 바가 무척 크다.

이사야의 엄숙한 상황: 사회에 만연한 불의

이사야는 이스라엘 백성에게 매우 예리한 질문을 던졌다.

내가 기뻐하는 금식은,
   흉악의 결박을 풀어 주며

멍에의 줄을 끌러 주며,

압제당하는 자를 자유하게 하며

모든 멍에를 꺾는 것이 아니겠느냐?

또 주린 자에게 네 양식을 나누어 주며

유리하는 빈민을 집에 들이며

헐벗은 자를 보면 입히며, 또 네 골육을 피하여

스스로 숨지 아니하는 것이 아니겠느냐? (사 58:6-7)

금식의 A→B→C 형태로 볼 때 이사야에게 A에 해당하는 것은 **가난한 자들의 비참한 상황과 사회에 만연한 불의**였다. 더 나아가 이사야는 금식을 **가난과 사회적 불의에 응답하시는 하나님에 대한 반응**이라고 말했다. 위대한 유대교 작가인 아브라함 헤셸(Abraham Heschel)은 이스라엘 선지자들의 역할을 일종의 '파토스'로 이해했다. 즉 선지자는 이스라엘 백성을 향한 하나님의 마음에 너무도 깊이 공감해서, 하나님의 백성에게 나아가는 하나님의 말씀이 된 자였다. 어떻게 보면 금식은 신실한 사람이 가난한 자들을 위한 '파토스'가 되는 것으로, 우리는 금식을 통해 가난한 자들을 향한 하나님의 마음을 구체적으로 나타낼 수 있다.[2] 그러므로 금식은 이 세상의 불의에 대응하는 '몸의 빈곤'이라 할 수 있다.

이사야의 비전: 하나님 나라와 정의

이사야는 금식이 개인적 차원의 영성을 뛰어넘는 것임을 이해시키려고 했다(이 점은 금식을 도구화해서 그것을 통해 결과를 얻어내려 하는 사람들이 특히 주목할 사항이다). 몸의 빈곤은 다른 사람을 위한 믿음과 소망의 행동이다. 이사야 56장의 첫 구절이 어떻게 시작되고 있는지를 보라. "여호와께서 이와 같이 말씀하시기를, 너희는 정의[mishpat]를 지키며 의[tsedeqa]를 행하라. 이는 나의 구원[yeshua]이 가까이 왔고 나의 공의[tsedeqa]가 나타날 것임이라 하셨도다."3) 몸의 빈곤은 이런 나라를 건설하는 책임이 왕에게만 있는 것이 아니라는 사실을 보여 준다. 그 책임은 모든 사람에게 있으며, 모두가 어려운 사람의 필요에 반응하여 공익을 위해 자신의 소유를 기꺼이 내려놓을 수 있어야 한다. 정의와 구원은 사라지고 가난과 불의만이 가득한 세상을 목도하는 하나님의 백성은, 마땅히 몸의 빈곤으로 반응해야 한다.

이사야가 인식한 문제: 무력화된 경건

이사야 시대의 이스라엘 백성들은 하나님과의 개인적인 관계를 갈망했다. "그들이 날마다 나를 찾아 나의 길 알기를 즐거워함이…의로운 판단을 내게 구하며 하나님과 가까이 하기를 즐거워하는도다"(사 58:2). 개인적인 영성을 소유한 그들은, 금식을 하면서도 하나님의 시원한 응답을 받을 수 없었다. "우리가 금식하되 어찌하여 주께서 보지 아니하시오며, 우리가 마음을 괴롭게 하되 어찌하여 주께서 알아주지 아니하시나이까"(사 58:3). 이사야는 그 이유를 다음과 같이 밝혔다. "너희가 금식하는 날에 오락을 구하며 온갖 일을 시키는도다. 보라, 너희가 금식하면서 논쟁하며 다투며 악한 주먹으로 치는도다"(사 58:3-4). 다음의 구절을 읽으면 큰 위엄이 서린 천둥 같은 음성이 성전 벽에 쩌렁쩌렁 울리는 것 같다. "너희가 오늘 금식하는 것은 너희의 목소리를 상달하게 하려는 것이 아니니라"(사 58:4). 다른 사람의 빈곤을 생각하지 않는 금식이라면 금식의 전체 핵심을 놓친 것이다.

이사야 시대의 이스라엘 백성은 경건하고 영성이 깊은 것으로 잘 알려져 있다. 하지만 그들의 개인적이면서도 자기 중심적인 신앙은 정의로운 공동체에 관한 하나님의 계획과는 거리가 멀었다. 만일 우리가 정의를 베풀기 원하시는 하나님께 기도하며 나아간다면 우리도 하나님이 원하시는 정의를 위해 기꺼이 자신을 내어 줄 수 있어야 한다. 이사야 시대 이스라엘 백성의 경건은 오직 자기 자신만을 위한 것이었다. 그들은 자기 중심적인 경건과 그들이 노동자들을 억압하는 행위 사이의 모순을 결코 감지하지 못했고, 금식으로 인해서도 서로간에 분쟁이 일었다. 이기심과 억압과 분쟁은 정의와 공의, 평화와 상반되는 행동이다.

이사야의 가슴에는 하나님의 열심이 불타오르고 있었다.

금식을 재정의하다

금식은 하늘에 떠 있는 수많은 별 가운데 한 개의 별과 같이, 영성이라는 별자리 속에 있는 한 개의 별이다. 이스라엘의 제사장과 레위인들이 율법을 따르는 것과 궁지에 빠진 사람을 돕는 것이 별도의 일이라고 여겨 죽어가는 사람을 보고도 못 본 척하고 지나갔듯이(눅 10:25-37), 이사야 시대 사람들도 금식을 하면서도 다른 사람의 필요를 전혀 생각하지 않았다. 하지만 참된 금식은 우리를 공동체적 영성으로 이끌어야 한다. 금식은 공동체 내의 불의에 대한 반응이기 때문이다. 영혼이 육체를 제압하면 몸의 이미지가 해체되어 버리고, 개인적 영성이 공동체적 영성을 압도하면 금식의 의미가 희석되고 만다. 그것이 이사야가 말하고자 했던 요점이었다. 금식은 스스로를 가난하게 해서 다른 사람의 가난에 반응하는 몸의 빈곤이다.

이사야는 이스라엘 백성을 향해 하나님께 온전히 헌신하도록 권고하면서 금식의 의미를 재정의했다. 금식이란 무엇인가? 이사야에 의하면 금식은 다음과 같은 특징을 지녀야 한다.

- 불의를 행하지 않는 것
- 압제당하는 자를 자유롭게 하는 것
- 굶주린 자를 먹이는 것
- 집 없는 자에게 숙소를 제공하는 것

이사야의 주변에는 금식을 수단으로서 행하는 사람들로 가득했다. 그들은 하나님을 더 깊이 알기 원했고 그래서 더 강렬하게 하나님을 예배하고자 했다. 이사야는 그들에게 참된 금식은 이 땅에 존재하는 불의에 대한 반응이어야 한다고 권고한다. 그리고 불의에 대한 가장 온당한 반응은 하나님을 알아가는 것뿐 아니라, 가난한 사람에게 연민을 가지고 이 땅에 정의를 실현하고 하나님의 백성들 가운데 평화를 이루기 위해 열정적으로 노력하는 것이다.

이사야가 금식을 재정의한 내용을 보면, 금식에는 반드시 두 가지 요소가 동반되어야 한다.

정의와 연대

이사야 58장이 말하는 금식에 동반되는 두 가지 요소 중 하나는 정의와 연대이며, 또 다른 하나는 거룩이다. 그렇게 될 때 몸의 빈곤은 진정한 금식이 된다. 다른 사람의 유익과 세상 속에서의 도덕적인 삶을 위해 스스로를 고통스럽게 함으로써 말이다.

금식에 동반되는 첫 번째 요소는 **가난한 사람에게 베푸는 것**이며 더 일반적으로 표현하자면 **정의**를 추구하는 것이다. 우리가 먹지 않은 음식을 가난한 사람들에게 베풀 수 있고, 음식을 먹지 않음으로써 아낀 시간을 불의와 싸우는 데 사용할 수 있다. 현재까지 남아 있는 초기 기독교 문헌 중에 「헤르마스의 목자」(Shepherd of Hermas)라는 책을 보면, 속죄를 위해서 금식할 뿐 아니라 금식을 자선의 기회로 삼으라는 충고가 나온다. 빵과 물을 금식했다면, 그 그리스도인은 "그날 먹었을 음식을 돈으로 계산해서 과부나 고아, 가난한 자들에게 나누어야 한다. 그대가 이런 방법으로 스스로 비천에 처하면, 그대의 겸손한 행위로 도움을 받은 사람이 마음의 감동을 받고 그대를 위해 주께 간구할지도 모른다."[4]

수백 년이 지난 후, 성 아우구스티누스도 그와 비슷한 말을 했다. "금식은 자신을 단련하는 일이지 다른 사람을 유쾌하게 하는 일이 아니다. 만약 우리가 금식함으로써 다른 사람에게 위로를 줄 수 있다면 금식의 괴로움은 결국 우리에게 유익을 줄 것이다." 이어서 그는 다음과 같이 질문한다. "우리가 오늘 아침에 포기한 아침식사로 가난한 사람 몇 명이 배를 채울 수 있겠는가?"[5] 1744년 2월 17일 금요일에 존 웨슬리와 그의 친구들은 매우 진지한 금식을 단행했다. "오후에 많은 친구들이 함께 모인 자리에서…굶주린 사람에게 빵을 나누어 주고 헐벗은 사람에게 옷을 입히고, 자신의 골육과 같은 이웃들을 회피하지 말라고 간곡히 당부했다. 그러자 하나님이 그들의 마음을 열어 주셔서 무려 50파운드에 이르는 돈을 헌금하게 하셨다. 나는 즉시 그 돈으로 아마와 모직 옷과 구두를 사서, 부지런히 일하지만 여전히 궁핍함 가운데 있는 자들에게 나누어 주었다."[6]

정의와 형제간이라 말할 수 있는 것은 연대다. 오늘날 가난한 자를 위해 금식하는 것은 어떤 면에서 그들과 연대를 이루려는 노력이다. 순전함이 담긴 연대 행위로서의 금식은 이스라엘 선지자들의 선지자적 행동과 다르지 않다. 아히야가 자신의 겉옷을 열두 조각으로 찢고(왕상 11:29-30) 예레미야가 사람들이 보는 앞에서 옹기를 깨뜨리고(렘 19:1-13) 이사야가 벗은 몸으로 3년을 살았던 것처럼(사 20:1-6), 우리의 동시대인들이 공적으로 금식하는 것은 그들의 신학과 소망과 저항을 표현하기 위한 행동이다. 이것을 신학적으로 다음과 같이 설명할 수 있겠다. 음식을 함께 먹는 행동은 사람과 사람을 이어 준다. 따라서 의도적으로 음식을 먹지 않을 때는 사람과의 관계를 단절하겠다는 의미가 된다. 한 무리의 사람들이 단체로 금식하며 저항하는 것은, 하나의 관계(가진 자와의 관계)를 단절하고 또 다른 관계(갖지 못한 자와의 관계)를 지지하겠다는 표현이다. 어느 사회든 권력 구조는 충분한 식량을 보유하고 있기 때문에, 금식은 관계적 거절을 의미할 뿐 아니라 그 사회에 존재하는 권력 구조에도 대항하는 의미를 지니게 된다.[7] 이제, 이론을 넘어 몇 가지 실제 사례들을 살펴보자.

1994년, 신실한 그리스도인이자 오하이오 출신 민주당 하원의원인 토니 홀(Tony Hall)은 22일간 금식을 단행했다. 또 그는 그리스도인들을 모아 놓고 고난주간 동안 3일간 금식하자고 제안했다. "이 나라의 양심을 일깨우기 위해서입니다. 지금 2,500만의 미국인들이 굶주리면서 무료급식소의 빵과 스프로 살아가고 있으며 그중의 절반은 17세 이하 어린이와 청소년들이라는 사실을 전 국민이 깨달아야 합니다."[8] 금식의 가치에 대한 질문에 토니 홀 의원은 다음과 같이 답변했다. "자기 자신에게서 눈을 떼고 다른 이들을 보게 하려는 것이지요. 하나님 앞에서 스스로를 겸허하게 낮추는 방법이기도 합니다."[9] 비록 기독교식 용어로 설명하지는 않았지만 토니 홀 의원에게 금식이란 어떤 상황의 엄숙함을 더욱 깊이 자각하게 하는 행동이었다. 그리고 그가 직시한 엄숙한 상황이란 바로 미국 내의 불의와 빈곤 문제를 의미했다.

2000년대에 들어서면서, 가난한 자들에 대한 관심을 불러일으키고 그들의 처지에 대한 동참을 보여 주기 위해 금식하는 그리스도인들이 생겨났다. 이 운동을 주관했던 핵심 리더인 데이비드 던콤(David Duncombe)의 이야기는 수없이 회자되었는데,[10]

그는 이런 인상적인 말을 했다. "가난한 자들이 빚의 굴레에서 벗어날 때까지 저도 그들의 굶주림에 동참해야 할 도덕적 책임을 느낍니다."[11] 일흔한 살의 던콤이 의회 복도에서 45일간 금식하는 동안, 그의 노구는 16킬로그램이 빠졌고, 체온은 34도로 떨어졌으며, 혈압은 85/60으로 내려갔고, 하루 서너 시간밖에 자지 못했다. 그가 금식을 단행한 것은 의회에서 HR 1095 법안을 통과시키기 위해서였다. 그는 금식을 통해 불의에 항거하고 있었던 것이다. 결국 그는 보행 보조기에 의존할 정도로 기력이 약해졌다. 당시 상원의원이었던 조 바이든(Joe Biden)은 던콤의 금식이 끝날 무렵에 이렇게 말했다. "당신은 누구라도 개인적 이익과 정치색을 뛰어넘어, 모두의 이익을 위해 위험을 무릅쓰고 이 나라를 이끌어 갈 수 있음을 보여 주었습니다." 오랜 금식을 마치고 의회 복도를 떠나는 날 던콤은 이렇게 말했다. "제 단 하나의 목직은 날마다 굶주리며 고통받는 수천 명의 목숨을 구하는 것이었기 때문에, 저 스스로 죽음을 무릅쓰고 굶는 것은 도덕적으로 충분히 받아들일 만한 방법이었습니다." 결국 '수요일 밤의 기적'이 일어나 상하원 모두에서 법안이 통과되었고 대통령은 4억 3,500만 달러에 이르는 채무 변제 종합대책에 서명함으로써 미국 내 빈민 부양이 가능해졌다.

영국 캠브리지 대학의 교회사 교수인 이몬 더피(Eamon Duffy)는 가톨릭 교회에서 금식이 사라진 점을 매우 안타깝게 생각했다. 왜냐하면, 개인적인 금식과 다른 차원에서 공동체적 금식은 선지자적 증거와 공적 연대의 수단이 되기 때문이다. "독실한 신앙인들의 개인적인 경건 행위와 신앙 공동체의 선지자적 증거에는 매우 큰 차이가 있다. 신앙 공동체는 매주 지속적으로 함께 금식함으로써, 그리스도인이 된다는 것은 궁핍한 자들의 편에 서는 것이라는 사실을 실제적으로 증거할 수 있다."[12]

한편으로는 한 가지 의문이 생길 수 있다. 이와 같이 공공연하게 드러나는 공적 금식과 예수님이 산상수훈에서 남이 알지 못하도록 금식을 숨기라고 경고하신 것(마 6:16-18)을 어떻게 조화시켜야 하는가? 여기서 한 가지 기억할 것은, 예수님도 광야에서 시험받기 전에 자신이 금식하신 사실이 사람들에게 알려지도록 내버려두셨다는 사실이다. 그리고 예수님이 경고하신 것은, 금식 행위 자체보다 자신의 경건을 과시하고 영광을 얻으려는 잘못된 동기에 관한 것이었다. 그러므로 자신의 영광을 구하려는 동기가 아니라면 우리는 얼마든지 다른 사람에게 금식하는 사실을 알릴 수 있다.

거룩

금식에 동반되는 두 번째 요소는 **죄와 나쁜 습관을 끊는 것**이다. 요나서에 나오는 니느웨 사람들이 하나님의 용서를 받을 수 있었던 것은 베옷을 입고 금식했기 때문이 아니라 그들의 금식이 진정한 '몸의 돌이킴'이었기 때문이었다(욘 3:5-10). 초기 기독교의 유명한 설교자 요한 크리소스토무스는 이런 말을 했다. "금식의 위대한 점은 음식을 먹지 않는 것에 있는 것이 아니라 죄악된 행동에서 돌아서는 것에 있다.…가난한 사람을 보면 불쌍히 여기라! 원수를 보면 화해하라! 친구가 명예를 얻으면 질투하지 말라!…입만 금식하게 하지 말고 눈과 귀와 발과 손과 우리 몸에 붙어 있는 모든 것들이 금식하게 하라. 손은 도둑질과 탐욕에서 정결해짐으로써 금식할 수 있다. 발은 죄악된 곳으로 달려가는 것을 그침으로써 금식할 수 있다.…입도 부끄러운 말들과 언어와 욕설을 금함으로써 금식할 수 있다." 다음은 크리소스토무스가 사순절 금식에 관한 대화에서 한 말이다.

> 사순절 기간에는 통상적으로 몇 주나 금식했느냐는 말이 오고 간다. 그러면 어떤 이는 두 주, 어떤 이는 석 주, 어떤 이는 사순절 기간 내내 금식했다고 답한다. 하지만 행동이 결여된 금식이라면 과연 무슨 의미가 있겠는가? 누군가가 '저는 사순절 기간 내내 금식했습니다'라고 말한다면, 당신은 '저에게는 원수 같은 사람이 있었는데 그와 화해했습니다. 나쁜 말을 입에 담는 버릇이 있었는데 고쳤습니다. 하나님의 이름을 들먹이며 헛되이 맹세하는 악한 습관도 버렸습니다'라고 말해야 한다.[13]

이처럼 불의와 개인의 죄를 모두 다루었던 크리소스토무스의 금식에 대한 견해는 참으로 완전하고 균형 잡힌 것이었다고 할 수 있다.

영성 형성에 관한 글을 쓰는 작가인 린 바압은 최근 금식에 관한 안목을 넓혀 주는 책을 썼다. 나는 그녀의 문체를 선호하지는 않지만 전체적 논점에는 깊이 공감한다. "기독교의 금식은 개인, 가족, 공동체 또는 국가가 영적인 목적을 위해 특정 기간 동안 무언가를 자발적으로 거부하는 것을 말한다."[14] 그녀는 텔레비전 시청에서부터 보석 착용, 방송 매체, 이메일, 쇼핑, 소설, 음악, 운전 등으로부터의 '금식'에 대해 이야기한다. 이런 '금식'은 단순히 말해, 하나님께 가까이 나아가기 위해 우리에게 즐거움을 주는 것들과 여러 습관들을 거부하는 것이다. 그녀에게 금식은, 엄밀히 우리 삶에 필요한 것이 아님에도 불구하고 '필수품'이 되어 버린 것들에 대한 의존을 끊는 것이라고 할 수 있다. 나는 그와 같은 것에 대해서는 '절제'라는 단어를 선호하지만, 어쨌든 우리 안의 욕구와 갈망을 억제함으로써 더 깊은 거룩의 상태로 나아갈 수 있다는 데는 동의한다. 린 바압은 금식이 어떤 상황에 대한 반응이며 그 상황에 대해 취하는 행동이라는 점을 제대로 간파했다. 그래서 그녀가 말하는 금식은 '몸의 빈곤' 즉 자신의 상태에 반응하며 자신을 비우는 행동이다.

약속

다음 장에서 금식의 유익을 살펴보기 전에, 잠시 이사야를 통해 이스라엘 백성에게 주신 하나님의 약속을 살펴보자. 하나님은 이스라엘 백성이 올바른 영성의 조건들을 모두 갖춘 상태에서 금식을 하고, 이기적인 소비나 권력의 남용 대신 가난한 자들의 빈곤에 동참하면 복을 받게 될 것이라고 약속하셨다. 이사야 58장에 시로 표현된 하나님의 약속을 살펴보자.

> 만일 네가 너희 중에서 멍에와 손가락질과
> 　허망한 마음을 제하여 버리고,
> 주린 자에게 네 심정이 동하며
> 　괴로워하는 자의 심정을 만족하게 하면,
> 네 빛이 흑암 중에서 떠올라
> 　네 어둠이 낮과 같이 될 것이며,
> 여호와가 너를 항상 인도하여
> 　메마른 곳에서도 네 영혼을 만족하게 하며
> 　네 뼈를 견고하게 하리니,
> 너는 물 댄 동산 같겠고
> 　물이 끊어지지 아니하는
> 　샘 같을 것이라.

네게서 날 자들이 오래 황폐된 곳들을 다시 세울 것이며
너는 역대의 파괴된 기초를 쌓으리니,
너를 일컬어 무너진 데를 보수하는 자라 할 것이며
길을 수축하여 거할 곳이 되게 하는 자라 하리라. (사 58:9-12)

그리고 이와 같은 상황은 이사야가 살던 세상이나 지금 우리가 사는 세상이나 다를 것이 없다. 금식은 결코 하나님을 조작하는 마법이 아니다. 반면, 하나님의 백성인 우리가 이기심과 권력의지를 버리고 가난한 사람들에게 정의가 실현되도록 노력한다면 상상도 못한 일이 우리 사회에 일어나게 될 것이다. 금식은 하나님과 그분의 비전과 연결되는 행동이다. 우리가 하나님의 비전을 품고 몸의 빈곤을 통해 하나님 앞에 나아가 전 존재(몸과 영)를 의탁한다면, 하나님의 축복이 임하는 것을 볼 수 있을지도 모른다.

9장
몸의 체험

성경에서 핵심 인물인 모세와 엘리야, 다니엘, 예수님, 바울 등은 모두 금식을 했고 하나님과 특별한 친밀함을 누렸던 사람들이다. 그리고 누구도 다음의 주장에 반론을 제기하지 못할 것이다. 바로, 그들 사이에는 분명한 공통점이 있으며, 하나님과의 친밀한 만남을 위해 의도적으로 금식하며 스스로를 정결케 했다는 주장 말이다. 물론 성경에 그에 대한 증거는 분명히 나와 있지 않지만, 예로부터 기독교는 이 다섯 사람의 금식을 하나님과의 친밀한 만남과 연관시켜 왔다. 그리고 단순히 연관시키는 것을 넘어 금식이 하나님과의 친밀한 만남으로 이끄는 중요한 방법 중 하나라고 말해 왔다. 실제로 음식을 먹지 않고(때로는 물도 마시지 않고) 하나님께 나아가면 특별한 신비적 체험을 하기도 한다.

필립 위브(Phillip H. Wiebe)가 쓴 「예수님의 비전」(Visions of Jesus)이라는 책을 보면 금식은 때로 환상이나 하나님과의 신비로운 만남으로 이어진다고 한다.[1] 사람들이 그 말을 어떻게 받아들이든 간에, 과거의 그리스도인들은 하나님과 만나기 위해 금식을 했고 금식하는 중에 하나님의 임재 앞으로 들려 올라가는 신비한 체험을 했다. 하나님과 만나는 체험은 상당히 강렬해서 전적으로 하나님께만 초점을 맞추게 한다. 간단히 정리하자면, 인간은 음식을 먹는 즐거움을 포기함으로써 거룩과 정결한 사랑과 하나님과의 연합을 이룰 수 있다. 교회사를 보면, 특히 4세기부터 16세기까지 철저한 금식과 은둔 없이는 하나님과의 연합이 불가능하다고 여긴 사람들이 많았다. 그래서 많은 사람이 하나님과 더 직접적으로 만나는 체험을 하기 위해 매우 강도 높은 금식을 했다.

나는 이 주제를 연구하면서, 하나님과 친밀한 연합으로 나아가는 것과 금식의 관계를 다른 방식으로 보게 되었다. 다시 한번 A→B→C 형태를 상기해 보자. 엄숙한 상황이 금식이라는 반응으로 이어지고 결과가 나온다. 여기서 B(금식)가 C(하나님과의 친밀한 만남)의 결과로 이어졌다고 해서 반드시 B가 C의 결과를 빚어냈다고 말할 수는 없다. 그보다, 내 연구에 따르면 A가 B를 유도하여 C로 이어진다고 말하는 것이 옳다. 바꿔 말하면 하나님을 간절히 갈망하는 사람들일수록 하나님과 나누는 친밀함의 피상성을 절감하기 마련이고, 그 피상성에 대한 안타까움으로 금식을 할 때 역설적으로 하나님이나 천사의 임재 안에 있는 자신을 발견하게 된다는 것이다.

금식과 하나님과의 만남의 관계는, 연인과 결혼반지의 관계와 같다. 반지 때문에 결혼이 이루어진다고 말할 수 없듯이, 금식으로 인해 하나님을 만날 수 있다고 말할 수도 없다. 그저 사랑하는 마음 때문에 서로 반지를 주고받으며, 그 사랑이 반지의 교환을 넘어 두 사람의 아름다운 결합을 가능하게 하는 것이다. 따라서 금식에 대한 올바른 개념은 다음과 같다. 하나님을 알고자 하는 깊은 갈망과 하나님을 깊고 친밀하게 알지 못하는 현재 상황에 대한 자각이 결합할 때, 하나님을 만나고자 하는 소망을 담은 금식이 이루어진다. 여기서 비통하고 엄숙한 상황(A)은 바로 하나님과의 친밀함이 결여된 상황이다.

과거의 지혜

하나님을 갈망하며 마음의 정결함을 추구했던 영성의 대가 카시아누스는 이렇게 말했다. "그러므로 우리는 몸의 절제에 온 힘을 쏟아, 이와 같은 금식을 통해 마음의 정결함을 이루어야 한다." 그리고 완벽에 이르는 단계를 다음과 같이 설명했다.

그것[정결한 마음]을 얻기 위해 우리는 고독을 추구해야 한다. 아울러 금식, 철야기도, 노동, 나체 수행, 독서 등 모든 종류의 덕행에 정진하여 우리의 마음을 준비시키고, 악한 정욕에 물들지 아니하도록 마음을 지키며, 이 모든 단계들을 밟아 완벽한 자비의 단계에 이르도록 해야 한다.

카시아누스는 금식을 '부차적인' 문제라고 명시하면서, "우리는 중점적인 목표 즉 '마음의 정결'과 '완벽'이라는 목표를 염두에 둠으로써, 우리의 영혼이 오직 하나님과 천상의 것에만 굳게 붙어 있도록 해야 한다"[2]고 말했다. 카시아누스가 강조하는 내용을 살펴보면 그가 금식을 수단으로 이해하고 있다는 느낌을 받게 된다. 금식이 자신이 원하는 바를 얻기 위한 수단인 것이다. 하지만 그의 글에 익숙한 독자라면, 그가 깨끗하지 못한 마음과 하나님과 친밀하지 않은 상태에 대한 안타까움으로 하나님을 추구하고 정결한 마음을 갈망하는 사람이라는 사실을 잘 알 수 있다.

성경의 인물들

그렇다면 이제 개신교인들은 이런 질문을 던지고 싶을 것이다. 성경에도 '몸의 체험'으로서의 금식 개념이 나오는가? 성경에 나오는 다섯 명의 핵심 인물 즉 모세와 엘리야, 다니엘, 예수님, 사도 바울을 살펴보면 그들 모두가 신비스런 체험을 했거나 환상을 보았고, 또 모두가 매우 열성적인 금식으로 잘 알려진 사람들이었다. 그들이 했던 금식은 모두 하나님과의 만남으로 이어진 '몸의 체험'의 성격을 띠었다.

모세. 아브라함 신앙 전통의 핵심에 있는 이야기 중 하나가 바로 모세의 이야기인데, 모세는 (예수님을 제외하고) 성경에 등장하는 사람들 중에서 하나님과 가장 가까이 대면했던 사람이었다. 그는 하나님과 대화를 나누었다. 출애굽기 19장에는 "모세가 하나님 앞에 올라가니 여호와께서 산에서 그를 불러 말씀하시되"(3절)라고 기록되어 있으며, 뒤이어 "모세가 말한즉 하나님이 음성으로 대답하시더라"(19절)고 쓰여 있다. 그리고 출애굽기 33:11에는 성경에서 가장 놀라운 말씀이 나온다. "사람이 자기의 친구와 이야기함같이 여호와께서는 모세와 대면하여 말씀하시며." 그런데 그보다 더 놀라운 사실은 모세가 하나님을 눈으로 보았다는 점이다. 모세는 하나님께 "주의 영광[kavod]을 내게 보이소서"(출 33:18)라고 간구했다. 하나님은 모세의 간구에 응답하시고 그분의 영광을 모세에게 보여 주셨다.

여호와께서 그의 앞으로 지나시며 선포하시되,

"여호와라, 여호와라,
자비롭고 은혜롭고 노하기를 더디하고

인자와 진실이 많은 하나님이라.

인자를 천대까지 베풀며 악과 과실과 죄를 용서하리라.

그러나 벌을 면제하지는 아니하고

아버지의 악행을 자손 삼사 대까지 보응하리라."

모세가 급히 땅에 엎드려 경배하며 이르되, "주여, 내가 주께 은총을 입었거든, 원하건대 주는 우리와 동행하옵소서. 이는 목이 뻣뻣한 백성이니이다. 우리의 악과 죄를 사하시고 우리를 주의 기업으로 삼으소서."(출 34:6-9)

이렇게 모세의 경험을 소개하는 이유는, 모세가 하나님과 대화하고 그분의 영광을 보기 전에 금식했기 때문이다. "모세가 여호와와 함께 사십 일 사십 야를 거기 있으면서 떡도 먹지 아니하였고 물도 마시지 아니하였으며, 여호와께서는 언약의 말씀 곧 십계명을 그 판들에 기록하셨더라"(출 34:28). 어느 모로 보나 모세의 금식은 극단적인 금식이었고, 대부분의 학자들은 그것이 초자연적인 금식이었다고 이야기한다. 정상적인 인간이 물도 마시지 않고 40일을 산다는 것은 불가능한 일이기 때문이다. 유대인 학자 나훔 사르나(Nahum Sarna)는 "그 초감각적인 상황 속에서 그[모세]는 시간적 제한을 초월했고 육체적 필요에서도 해방되었다"[3]고 말했다. 금식이라는 행위와 하나님의 임재가 동시에 이루어진 것이다. 그러나 이 사건에서 종종 간과되는 것이 그 엄숙한 순간의 중요성이다. 시내 산 꼭대기에서 마주한 하나님의 형용할 수 없는 거룩함, 하나님 임재의 장엄함과 그에 대한 경외가 모세로 하여금 금식하지 않을 수 없게 만들었다. 하나님의 임재에 너무나 압도된 나머지, 무엇을 먹고 마신다는 것은 생각할 수조차 없었던 것이다.

하나님의 임재는 너무도 엄숙한 것이기에 인간은 그에 금식으로 반응할 수밖에 없다. 하나님을 묵상하거나 예배하는 순간도 그와 비슷한 경우가 많다. 금식과 하나님의 임재는 깊이 연결되어 있기 때문에 유대인들은 **금식의 날**에 "하나님의 13가지 속성"(위의 출애굽기 34:6-9에 언급된)을 암송하기도 한다.

엘리야. 열왕기상 19장에는 모세와 유사한 엘리야 이야기가 등장한다. 사악한 이세벨 왕비의 협박에 생명의 위협을 느끼고 광야로 도망간 엘리야는, 홀로 서 있던 로뎀 나무 아래서 잠이 들었다. 그때 한 천사가 그를 깨우고 음식을 먹으라고 권했다. "머리맡에 숯불에 구운 떡과 한 병 물이 있더라"(왕상 19:6). 잠시 후 다시 자리에 누웠는데, 천사가 다시금 그를 깨우며 먹고 마시기를 권했다. 그는 만나와 같이 기적적으로 공급된 음식을 먹고 힘을 얻어 사십 일 밤낮을 금식했다. 그리고 더 중요한 것은, 그 금식 뒤에 엘리야가 산에서 그의 앞을 지나시는 하나님을 만났다는 사실이다.

다니엘. 다니엘 역시 금식을 했고 하나님과 친밀한 관계를 가졌다. 다니엘에 대해 가장 잘 알려진 말씀은 그가 "금식하며 베옷을 입고 재를 덮어쓰고 주 하나님께 기도하며 간구하기를 결심했다"(단 9:3)는 대목이다. 하나님은 그의 기도를 들으셨다. 하지만 그것이 전부가 아니었다. 다니엘은 금식하며 하나님과 깊이 교감했고 그 결과로 기도 응답을 받고 환상도 보았다. 얼마 후, 그는 석 주간 애통하며 진미와 고기와 포도주와 기름을 금하는 부분금식을 했고, 또 다른 환상을 볼 수 있었다(단 10:2-3).

예수님. 모세와 엘리야처럼 예수님도 사십 일을 주야로 금식하셨다. 누가는 예수님이 "이 모든 날에 아무 것도 잡수시지 아니하시니"(눅 4:2)라고 기록했다. 그래서 예수님은 배가 몹시 고프셨다(농담이 아니다!). 그런데 금식이 끝나기도 전에 '마귀'가 예수님을 찾아와 음식으로 유혹하며 예정된 시간보다 앞서 금식을 끝내라고 유혹했고, 예정된 시간이 오기 전에 이 세상 모든 왕국에 대한 통치권을 행사하라고 유혹했고, 하나님의 허락과 상관없이 성전 꼭대기에서 무모하게 뛰어내리라고 유혹했다(눅 4:1-13). 어떤 학자들은 예수님이 당한 시험이 굶주림에서 비롯된 일종의 '환상'이었다고 말하기도 한다. 그러나 나는 그 시험이 단순히 환상이었다거나 음식을 먹지 않아서 비롯된 일이라고 생각하지 않는다. 분명한 것은, 금식이 마귀와의 특이한 만남과 하나님과의 특별한 친밀함, 그리고 그 친밀함이 세상 그 무엇보다

가치 있는 것임을 공적으로 확증하는 것과 연관이 있다는 사실이다.

바울. 사도 바울도 금식했고, 고난으로 인해 육신이 약해진 적이 자주 있었다고 고백한다(고후 6:4-5; 11:27). 자주 금식을 해서 몸이 약해졌다는 말을 하고 난 뒤에 바울은 자신을 3인칭으로 바꾸어, 땅에서 "셋째 하늘"로 들려 올라간 적이 있는 "그리스도 안에 있는 한 사람을 안다"고 말한다. 그는 사람이 가히 이르지 못할 말을 들었으나, 이러한 경험들을 자랑하지 않고 그 대신 그가 금식한 것을 상기시키면서 오직 그의 약함에 대해서만 말을 하겠다고 한다(고후 12:1-10). 지금까지, 사도 바울이 금식하는 사람이었고 동시에 하나님과 친밀한 관계를 누렸던 사람이었다는 사실을 바탕으로, 그가 본 환상과 그가 행한 금식을 최대한 연관시켜 보았다. (어쩌면 증거가 제시하는 것 이상으로 과도하게 연관시켰을 수도 있겠다.)

지금까지 다섯 인물들을 간략하게 살펴본 바에 의하면 금식과 하나님과의 친밀한 관계는 충분히 연관성이 있다. 하지만 그 두 가지를 연관 짓는 쪽은 독자인 우리라는 사실을 명심해야 한다. 성경은 "너희가 금식하면 하나님을 더 깊이 체험하게 될 것이다"라고 명확하게 말하고 있지 않다. 내가 우려하는 것은 단순한 성경 말씀을 왜곡하여 금식을 수단으로 여기고 그것이 하나님과의 만남을 보장하는 것처럼 착각하는 일이다. 오랜 성경적 전통은, 오히려 엄숙한 상황이 금식을 유도했고 가끔('항상'이 아니라) 원하는 결과가 나왔음을 보여 준다. 성경의 인물들은 하나님의 지극한 거룩함에 직면했을 때나 경외를 느낄 때, 거룩함에 대한 갈망이 절실할 때, 혹은 하나님 나라에 대한 간절한 소망과 이웃에 대한 지극한 염려의 순간에 금식했다. 금식은 단순히 B→C의 형태가 아니다. 자신이 처한 상황이 너무도 엄숙하고 경건해서 음식을 먹는 것이 그 순간을 모독하는 것처럼 느껴지기 때문에 자연히 금식할 수밖에 없는 것이다.

그럼 이제 역사를 거슬러 올라와서, 성 아타나시우스와 성 바실리우스, 장 칼뱅을 통해 교회의 지혜를 맛보도록 하자.

준비와 만남

삼위일체 신학을 제창한 위대한 신학자 성 아타나시우스는, 한 편지에서 하나님을 묵상하는 것이 육체적인 힘을 공급해 줄 것이라고 말했다. "하나님과 그분의 말씀을 묵상하고 그분 안에 거하는 일은, 음식을 대신하여 영양분을 공급하기 충분하다는 사실을 믿어야 합니다."[4] 어떤 학자들은 모세와 엘리야와 예수님이 사십 일간 금식할 수 있었던 것은, 어떤 초자연적인 음식물을 먹어서가 아니라 하나님의 임재가 주는 생명의 힘 때문이었다고 설명한다. 말하자면 하나님을 대면함으로써 이 세상의 상황과 한계를 뛰어넘었고, 하나님의 지극한 거룩과 깊은 사랑을 대면한 그들은 금식을 하지 않을 수 없었던 것이다.

바실리우스는 간음을 행한 어느 수도사에게 편지를 써서, 그가 이전에 하나님의 임재를 묵상하며 행했던 엄격한 금식이 얼마나 큰 영향력이 있었는지를 상기시켜 주었다. "나는 그대와 함께 지냈고 그대의 금욕적인 훈련을 보며 그대를 축복했소 몇 주 동안이나 금식을 하면서 그대는 하나님 앞에서 묵상을 했고 동료들을 피해 마치 도망자처럼 혼자 은둔했소…그대의 몸에서 기름이 모두 사라졌고 아랫배의 주름도 말라 버렸소…그대는 밤마다 회개하며 오랜 시간을 하나님 앞에서 보냈소."[5] 그 수도사는 하나님의 임재로 인해 금식으로 나아갔다.

칼뱅도 금식의 유익 중 하나가 하나님과의 깊은 친교라는 사실을 알고 있었다. 그는 「기독교 강요」에서, 육체를 정복하고 기도와 묵상을 준비하고 하나님 앞에서 자신의 비천함을 드러내는 것이 금식의 세 가지 목적이라고 말했다. 따라서 그리스도인들은 "중대한 문제를 놓고 기도할 때마다 금식을 병행하는 것이 매우 유익하다." 또한 그는 초대교회 그리스도인들이 금식했던 것은 하나님과 깊은 친교를 나누기 위해 "아무런 방해도 받지 않고 기도에 더 열성적으로 매진하고 싶은 단순한 목적 때문이었다"고 말했다.[6]

*　*　*

성경 말씀과 과거의 지혜는, 하나님과의 친밀함과 금식에 분명한 연관성이 있음을 보여 준다. 다만 오랜 기독교 역사가 증명하듯 금식은 우리가 원하는 것을 얻어내기 위한 수단이 아니라 엄숙한 상황에 대한 반응이라는 점을 강조하고 싶다. 하나님을 더 깊이 사랑하기 원하고, 더 깊이 경배하기 원하고, 그분의 은혜에 더 깊이 잠기고 싶은 마음이 있다면 바로 그런 갈망이 우리를 자연스럽게 금식으로 인도해 줄 것이다. 나는 하나님이 그런 갈망을 귀하게 여기시고, 때로는(항상이 아니라) 그분의 영광스러운 임재를 체험하여 형용할 수 없는 기쁨을 누리게 하실 것이라고 믿는다.

10장
몸의 소망

초기 그리스도인들의 금식이 다른 종교 전통의 금식과 구별되는 한 가지 특징은, 기독교의 금식이 몸의 소망으로서의 금식이었다는 점이다. 그리스도인들은 그리스도가 재림하여 하나님의 나라가 이루어지기를 소망하며 금식을 했다.[1] 이를테면, 소망을 몸으로 표현하는 것이다. 우리 역시도 이 세상에 하나님의 뜻이 이루어지길 간절히 바랄 때나 하나님의 뜻에 어긋나는 현실을 바라보며 깊이 싱심할 때 금식을 하게 된다. 그와 같은 금식이 '몸의 소망'이다. 이 세상의 현 상태에 저항함으로써 우리의 소망을 몸으로 표현하는 것이다.

예수님과 몸의 소망

예수님은 제자들에게 미래를 위해 금식하라고 가르치셨다. 한번은 누군가가 예수님께 이런 말을 했다. "요한의 제자는 자주 금식하며 기도하고 바리새인의 제자들도 또한 그리하되, 당신의 제자들은 먹고 마시나이다"(눅 5:33). 왜 예수님의 제자들은 금식을 하지 않고 유대의 전통을 무시하는지 그 이유를 설명해 달라는 질문이었다. 이 구절에서 사용된 '자주'(pukna)라는 단어는 '열심히'라고 번역할 수도 있는 단어다. 즉 요한과 바리새인의 제자들이 보여 준 금식에 대한 열성과 잦은 횟수를 모두 강조한 말이다. 실제로, 요한의 제자들과 바리새인의 제자들은 매우 정기적으로 금식했다. 하지만 예수님의 제자들은 '먹고 마시는 자들' 즉 금식보다는 **탐식**으로 더 유명한 사람들이었다.

그런 질문을 예상이라도 하신 듯 예수님은 거침없이 이렇게 반문하셨다. "혼인 집 손님들이 신랑과 함께 있을 때 너희가 그 손님으로 금식하게 할 수 있느냐?" 물론 대답은 '그럴 수 없다'이다. 예수님이 말하고 싶은 것이 바로 그 점이었다. 음식에 불만이 있지 않는 한 잔치에서 금식할 하등의 이유가 없다. 하지만 예수님이 하고 싶은 말씀은 그것이 전부가 아니었다.

"그러나 그날에 이르러 그들이 신랑을 빼앗기리니 그날에는 금식할 것이니라"(눅 5:35). 이 말씀을 하시고 두 가지 기발한 비유를 드신다. 새 옷에서 헝겊 조각을 떼어 낡은 옷에 붙이지 않는 이유는 둘이 전혀 어울리지 않기 때문이고,[2] 새 포도주를 낡은 부대에 넣지 않는 것은 새 포도주가 발효하면서 가스가 발생하여 낡은 부대를 터뜨리기 때문이다. 마찬가지로 신랑이 있을 때는 금식하지 않는다. 그러나 신랑을 빼앗기는 날이 오면 그때는 금식하게 될 것이다.

세례 요한과 예수님의 금식

세례 요한은 금식으로 유명한 사람이었다. 요한의 금식은 하나님의 나라를 기다리는 '몸의 소망'이었다. 그는 하나님의 뜻이 확실히 이루어지기 전까지는 이 세상에 들어와 살 수가 없었다. 하지만 예수님의 시각은 요한과 달랐다. 예수님은 세례 요한이 원하는 것이 **이미 여기에 이루어졌다**고 거듭해서 선포하셨다. 예수님은 하나님의 나라가 이루어지길 바라는 금식을 하지 않으셨다. 왜냐하면 하나님 나라가 이미 현재에 이루어졌다고 믿으셨기 때문이다. 그래서 예수님은 그분이 이 세상에 계시는 동안에는 금식할 필요가 없다고 말씀하셨다.

예수님은 도래한 하나님 나라를 바라보는 새로운 시각을 선지서의 비유를 통해 설명하셨다. 하나님 나라는 기쁨과 교제와 연회로 풍성한 영원한 메시아적 잔치가 될 것이다. 그리고 자신의 정체성에 대한 강력한 확신을 지닌 예수님은 더 나아가, 그분과 함께 먹는 것이 그 메시아적 잔치를 예표하는 행위라고 선포하셨다. 하나님 나라가 이루어질 것을 예견하며 금식했던 세례 요한과 달리, 예수님은 그 나라가 현재 자신 안에서 이루어졌음을 선포하고 지금은 금식이 아니라 잔치를 벌여야 할 때라고 역설하셨다.

그렇다면 예수님이 아버지께로 돌아가시고 난 뒤에는 어떻게 될 것인가? 예수님은 그때가 오면 자신의 제자들이 다시 금식을 시작하게 될 것이라고 예상하셨다. 그것은 '메시아적 잔치와 하나님 나라의 의로운 통치가 하늘에서와 같이 땅에서도 이루어지길 고대하는 금식'이 될 것이다. 이와 같은 금식은 주기도문의 두 번째 간구와 세 번째 간구를 **몸으로 드러내는** 것이다. "나라가 임하시오며 뜻이 하늘에서 이루어진 것같이 땅에서도 이루어지이다"(마 6:10). 혹자는 네 번째 간구인 "오늘 우리에게 일용할 양식을 주옵시고"를, 모세와 엘리야와 예수님이 금식하는 동안 그들의 생명을 지탱해 주셨던 하나님과 연결하기도 한다. 예수님을 중심으로 역사를 네 시대로 나누어 보면 금식이 각 시대마다 중요한 요소임을 알게 된다. 예수님 탄생 이전 시대는 메시아를 고대하며 금식했고 메시아가 이 땅에 계시는 동안에는 잔치를 벌였으며 하나님 나라가 온전히 임하기를 기다리는 동안에는 소망 가운데 금식했다. 하지만 하나님 나라가 이 땅에 온전히 임한 이후에는 오직 흥겨운 잔치만이 계속될 것이다.

예수님 이전 시대	예수님 시대	교회 시대	하나님 나라
메시아를 고대하는 금식	잔치	소망의 금식	잔치

교회 시대의 금식은 두 가지 엄숙한 상황에 대한 반응이라고 할 수 있다. 그 상황이란, 예수님이 부재하고 하나님의 의도와 어긋나 있는 시대 상황을 말한다. 몸의 소망은 바로 그 두 가지 상황에 금식으로 반응하는 것이다.

우리는 어떻게 해야 할까?

예수님은 그가 성육신하여 이 땅에 계시던 시점과 그가 세상을 새롭게 하기 위해 재림하시는 시점 사이에 그를 따르는 자들이 금식하게 될 것이며, 그 기간 동안의 금식은 하나님 나라를 갈망하는 '몸의 소망'이 될 것이라고 예언하셨다. 토머스 라이언은 금식에 관한 가장 탁월한 저술 중 하나인 「거룩한 금식의 기술」에서 다음과 같은 현명한 조언을 전해 준다.

> 신랑이 재림하는 날까지 이어지는 이 미래 지향적인 기다림 속에서 금식은 [예수님의] 종들이 스스로 깨어 있을 수 있는 좋은 방법 중 하나다. 그 기다림의 시간 동안 종들이 느끼는 신비하고 은밀한 기쁨을 무엇과 비교할 수 있겠는가! 조용히 흥얼거리는 콧노래, 혹은 대회를 앞둔 합창대원의 휘파람 소리에 비할까? 추수감사절이나 성탄절에 집에 오는 자녀를 기다리며 정성껏 청소를 하고 집안을 단장하는 부모의 마음에 비할까? 공항 대기실이나 기차역에서 사랑하

는 애인을 기다리며 초조하게 서성거리는 연인의 모습에 비할까? 결혼을 앞둔 들뜬 남녀가 사람들에게 하나하나 청첩장을 보내는 모습에 비할까? 이 모두는, 아직 일어나지 않았지만 반드시 일어날, 간절히 고대하는 일을 준비하는 필수적인 절차다. 각 경우마다 사람들은 활기가 넘치고, 다가올 미래를 고대하는 조용한 기쁨으로 가득 차 있다.[3]

천국에 대한 소망으로 금식하는 교회의 대표적인 예로 동방정교회와 서양의 로마가톨릭 교회가 있다. 그러나 우리는 금식의 개념을 새롭게 하여, 이번 장에서 살펴본 말씀에 근거하고 하늘보다는 이 땅에 초점을 두는 몸의 소망으로서의 금식에 집중할 필요가 있다. 몸의 소망으로서의 금식은 몸의 훈련보다는 몸의 빈곤에 가깝지만, 그것의 중요한 특성은 불의에 대항하는 보이콧을 넘어 하나님이 그분의 뜻을 이루어 주실 것에 대한 소망의 표현이다. 몸의 소망이 오늘날 어떻게 표현되고 있는지를 알아보기 위해 먼저 동방정교회와 서양 가톨릭 교회의 진술들을 살펴보고자 한다. 그런 다음 지금 현재의 삶에 몸의 소망이 얼마나 중요한 의미를 가지는지 살펴보기로 하자.

동방 교회

동방정교회에서는 몸의 소망으로서 금식하고, 그 소망을 '테오시스'(*theosis*)라는 단어로 표현한다. 이 단어는 하나님과의 최종적이고 영원하고 황홀한 연합을 뜻한다. 동방정교회는 모든 신자의 삶의 '목적'은 '하나님과의 연합[*henosis*]과 신격화[*theosis*]'라고 가르친다.[4] 동방정교회 영성의 근원은 성 안토니우스에게로 거슬러 올라가는데, 동방정교회 신학자인 내 동료 브래들리 나시프(Bradley Nassif)교수가 마침 내가 지금 이 문단의 내용을 편집하고 있을 때 짧은 편지를 보내왔다. "성 안토니우스가 금욕적인 수행을 했던 '엄숙한 상황'은 어느 특정한 사건이 아니었습니다. 특정한 계기가 금식의 촉매가 되었다기보다는, 이 세상 끝날에 대한 '종말론적 비전'이 현재 순간을 섬광처럼 비춘 것입니다. 우리는 예수님이 부활하신 이후 신랑의 재림을 기다리며 금식하는 것입니다."[5] 동방정교회 신자들은 하나님과의 일치를 위해 금식하며, 그들을 새롭게 형성하는 그 금식의 과정은 하나님과의 연합을 향한 소망의 여정에서 지속적으로 앞으로 나아가도록 돕는 역할을 한다.

서방 교회

로마가톨릭 교회에 관한 모든 것은 **교회의 삶**을 통해 드러나며, 몸의 소망으로서의 금식도 그들의 전통과 훌륭하게 들어맞는다. 하나님의 구속 사역이 교회(그리고 올바른 성례)를 통해 드러나는 하나님의 은혜 안에서 일어나기 때문에, 신자들의 금식 역시 가난한 자들과 연대하고 몸을 통해 교회의 은혜에 참여하는 교회의 삶에 동참하는 행동으로 이끈다. 그렇다면 이것이 몸의 소망과 어떤 연관이 있는가? 로마가톨릭 신학에서 말하는 진정한 금식은, 교회를 통해 **이미** 임했고 **지금도** 임하고 있으며 **마침내** 임하게 될 하나님의 은혜를 온몸으로 바라보는 것이다. 그리스도의 신부인 이 교회는, 최종적으로 도래할 하나님 나라에서 영광과 존귀로 옷 입게 될 것이다(계 21-22). 따라서 모든 가톨릭 교회의 금식에는 몸의 소망이라는 줄기가 있다. 신자들은 참회를 위해, 가난한 자들에게 베풀기 위해, 그리고 온전한 그리스도의 몸이 이루어지기를 소망하는 마음으로 금식한다.

동방정교회와 서양의 가톨릭 교회가 실천하는 몸의 소망으로서의 금식은 오늘날 교회의 삶에 매우 중요한 가치를 던져 준다. 하지만 예수님이 가르치신 내용을 살펴보면 그보다 더 많은 이야기를 하고 더 많은 일들을 할 수 있다.

땅에서도 이루어지이다

그리스도인들은 하나님 나라에 대한 소망을 쉽게 놓칠 수 있다. 하나님 나라를 너무 하늘의 영역에만 국한하기 때문일 수도 있고, 개인적인 필요에만 너무 몰두하기 때문일 수도 있다. 예수님은 제자들에게 하나님의 나라가 "하늘에서 이루어진 것같이 땅에서도"(마 6:10) 이루어지기를 기도하며 갈망하라고 가르치셨다. 몸의 소망으로서의 금식은 '저 위의' 천국만 바라보거나 천국에서 하나님과 영적으로 하나 되는 것에만 초점을 맞추기보다, 하나님의 사랑과 평화와 정의가 바로 지금 이 땅에서 이루어지는 것에 초점을 맞추는 것이다. 예수님을 따르는 자들에게 자신이 재림할 때까지 금식하라는 예수님의 말씀은, 하나님의 완벽한 나라가 이 땅에 이루어질 때까지 소망하며 기다리라는 뜻이다.

몸의 소망은 이 세상이 도덕적이고 사회적이고 정치적인 면에서 더 나은 세상이 되기를, 전 세계에 복음이 전해지기를, 세상 모든 가정에 사랑이 충만하기를, 이 사회에 공동선이 편만하기를, 즉 한마디로 하나님의 나라가 지금 드러나기를 갈망하는 마음을 몸으로 표현하는 것이다. 켄트 베르기스(Kent Berghuis)의 금식에 관한 연구와 실천은 여러 관점에서 금식을 이해할 수 있도록 내게 영향을 많이 끼쳤는데, 그가 남긴 명언이 이 장의 핵심을 정확히 대변한다. "기독교 시대는 끝나지 않은 과업에 대한 긴장감을 가지고, 장차 이루어질 결과를 믿음으로 고백하는 금식과 잔치의 시대다."[6]

    예수 그리스도가 이 땅에 오셨다.
    그래서 우리는 잔치를 벌일 수 있다.
    예수 그리스도가 아직 재림하지 않으셨다.
    그래서 우리는 금식해야 한다.

앞에서 도표를 가지고 살펴보았듯이, 교회 시대를 사는 우리는 잔치를 벌이고(그리스도께서 우리와 함께 계시므로) 또 동시에 금식한다(하나님 나라를 고대하므로). 왜냐하면 우리는 하나님 나라가 이 땅에 이루어지기를 간절히 소망하는 사람들이기 때문이다.

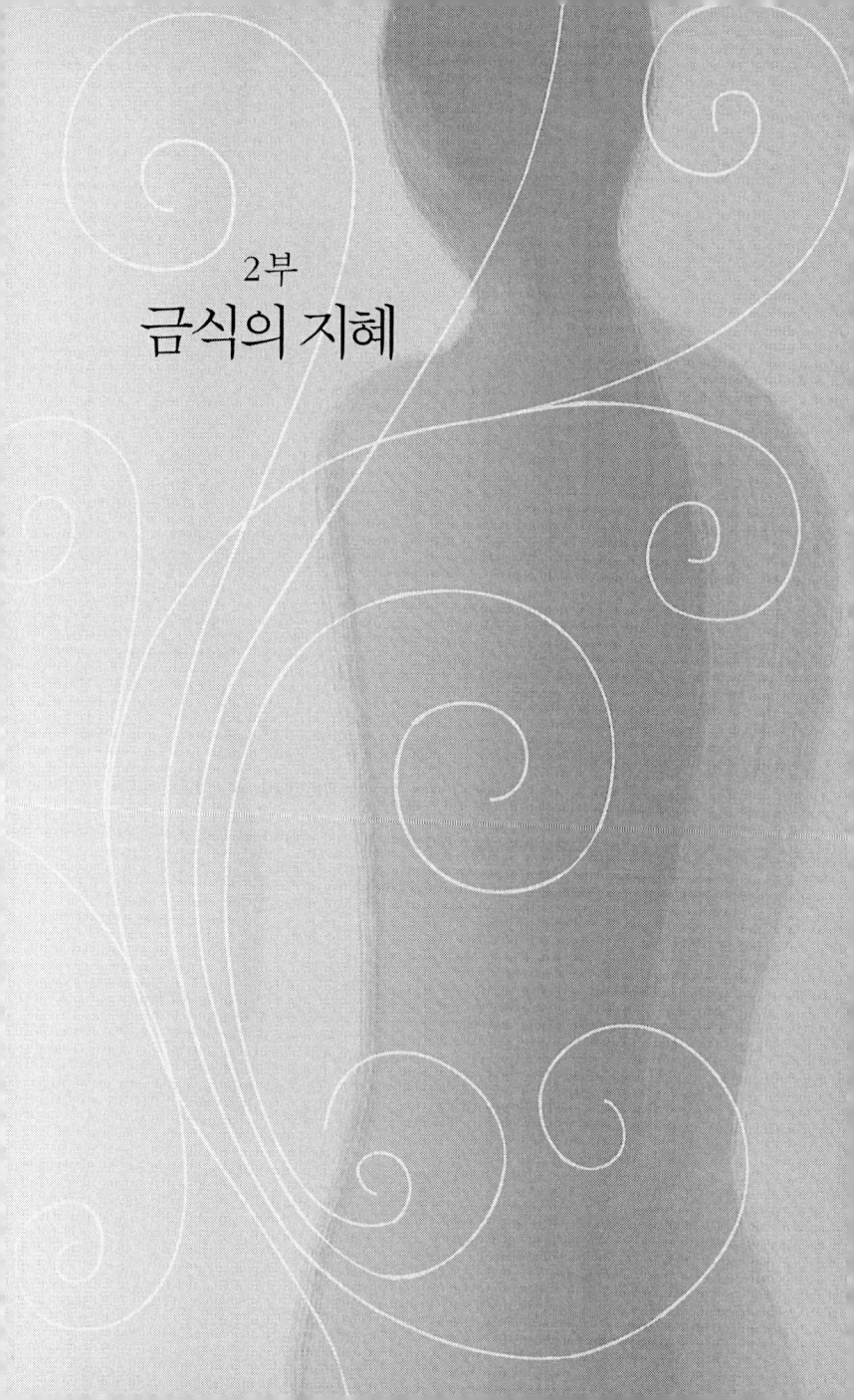

2부
금식의 지혜

11장
금식의 문제점

금식을 경건의 최고봉이라고 생각하는 순간부터 금식의 문제점들이 나타나기 시작한다. 성경에 금식에 대한 문제 제기가 처음으로 등장하는 곳은 이사야서 58장이다. 이사야 선지자는 하나님의 입을 통해 나온 말씀(사 58:14)을 전달하면서, 자신을 경건한 금식자라고 생각하면서도 남을 사랑할 줄도 모르고 불의를 행하는 자들을 향해 무섭게 질책한다. 이사야 이후로도 수많은 유대인과 그리스도인, 무슬림들이 위선적인 금식을 경계했으며, 금식이라는 외면적 행위를 초월하는 내적 삶의 중요성을 강조해 왔다. 그리고 그러한 경계심이 개인과 교회에 너무 깊이 파고들다 보니, 금식은 이제 케케묵은 영성 훈련의 하나로 전락하고 말았다.

친구들에게 가서 당신이 금식 훈련을 한다고 이야기해 보라. 당장 그들의 입에서 금식의 문제점들이 장황하게 쏟아져 나올 것이다. 이번 장에서는 금식을 할 때 흔히 일어나는 문제들을 다루고자 한다. 영성 훈련에 따르는 잠재적인 문제들을 파악함으로써 우리는 좀더 신실하게 훈련에 임할 수 있을 것이다.

조작

우리 아이들이 꽤 어렸을 때, 우리 부부의 질문에 아이들이 대답할 때면 우리는 다음과 같이 되묻곤 했다. "그게 정말 사실이니?" 아이들은 항상 이렇게 대답했다. "네. 사실이에요." 특별히 강조할 때는 "네. 정말, 정말, 사실이에요"라고 말했다. 이 진술에는 사람이 때때로 진실이 아닌 것을 말할 수 있으며, 자신의 진실성을 확신시키기 위해 단순한 진술을 여타 어구로 강조해야 한다는 함의가 들어 있다. "정말, 정말, 사실이에요"라는 말은 "사실이에요"라는 말이 사실이 아닐 수도 있음을 의미하는 것이다. 그와 마찬가지로 금식도 하나님께 "정말, 정말, 사실이에요"라고 말하는 행위가 될 수 있다. 그리스도인 중에는 자신의 신실함과 깊은 경건을 하나님께 증명해 보이려고 금식하는 사람들이 있다. 금식을 하면 **하나님이 기도를 더 잘 들어주시리라** 생각하는 것이다. 물론 말도 안 되는 소리다. 하나님은 우리가 조작할 수 있는 분도, 끈질기게 졸라 대면 우리가 원하는 것을 주시는 분도 아니다. 이와 같이 금식에 대해 극단적으로 도구적인 관점을 가지게 되면 하나님을 조작하려는 유혹에 빠지게 된다.

또 다른 형태의 조작은, 하나님이 아닌 타인을 조작하는 것이다. 어떤 그리스도인은 경건한 사람이라면 반드시 금식을 해야 한다고 주장하면서, 금식하지 않는 사람들을 경건치 못한 사람으로 판단하는 도구로서 금식을 이용한다. 그러나 금식은 경건을 식별하는 특별한 표지가 아니다. 신약에서 말하는 경건의 유일한 표지는, 하나님을 사랑하고 이웃을 사랑하고 성령 안에 사는 것이다. 이와 같은 것들은 육안으로 발견하기가 힘들기에, 금식처럼 눈에 보이는 영성 훈련을 믿음의 '표지'로 삼으려는 유혹에 빠지는 것이다. 그런 식의 잘못된 논리는, 금식을 하지 않지만 진정으로 하나님을 사랑하고 이웃을 사랑하고 성령 안에서 살아가는 사람들을 고통과 좌절로 몰아넣을 수 있다.

기만과 율법주의

금식은 자체로도 어려운 일이지만, 다른 사람들과 함께 금식할 때는 그 어려움이 더 커진다. 어떤 사안에 대처하는 데 있어 금식이 가장 중요하다고 믿는 집단일수록 위험 요소는 더 심각해진다. 같이 금식을 하면서, 개인적으로 혹은 공동체적으로 세운 목표를 달성하지 못하는 사람이 나오기 마련이다. 어떤 이유에서건(배고픔의 고통을 참지 못하는 것이 가장 큰 이유겠지만) 뭔가를 집어먹는 일이 발생하는 것이다. 그들은 금식을 깨뜨리고 자기 입으로 약속한 바를 어긴 사람이 된다. 공동체에 대한 책임도 저버렸음은 물론이다. 이것이 금식에서 가장 흔히 나타나는 문제이며, 일찍이 금식에 대한 책을 쓴 저자들도 이 점을 익히 주지하고 그리스도인들에게 자기 입으로 한 약속을 엄격히 지킬 것을 권고한다.

바로 이 지점에서, 안타깝게도 자신이 아간(여호수아서 7장에 나오는, 전리품을 훔쳐 결국 죽게 된 사람)의 죄를 지었다고 두려움에 떠는 사람들이 생긴다. 여호수아서를 보면, 이스라엘 군이 아이 성 전투에서 패하고, 누군가가 거짓말을 함으로써 거룩한 공동체를 더럽혔다는 사실이 드러난다. 아간이 바빌로니아인의 외투와 은 이백 세겔과 금덩이 하나를 훔쳐 자신이 묵고 있는 장막 밑에 감춰 둔 것이다. 결국 죄가 발각된 아간은 돌에 맞아 죽고 말았다. 오늘날, 극도로 예민한 양심을 가진 사람들은 정해진 금식을 제대로 완수하지 못했다고 고백하면 공동체 안에서 '돌에 맞을지도' 모른다는 두려움을 느낀 나머지, 사람들에게 금식했다고 거짓말을 한다. 이 부분에서 우리는 좀더 솔직하게 열린 마음으로 이야기해야 할 필요가 있다. 공동체적으로 금식을 행하는 곳에서는, 우리 모두가 느끼는 배고픔의 고통과 때로는 더 이상 견디기가 불가능한 날도 있다는 사실에 대한 대화가 이루어져야 한다. 금식으로 인한 정상적인 고통이 무시되고 금식의 유연성이 전혀 허용되지 않는다면, 금식의 진정성이 손상될 뿐 아니라 공동체에 속한 사람들의 영적 자유가 율법주의에 얽매이고 말 것이다.

금식에서 항상 성공하기란 쉽지 않다. 금식할 때를 잊어버리기도 하고, 무의식중에 무언가를 먹기도 하고, 먹고 싶은 충동을 이겨 내지 못할 때도 있다. 정해진 기간 전에 금식을 깨 버렸다면 그건 자기 자신에게 한 약속을 어긴 것이다. 이 경우, 자신의 실패를 너무 가볍게 여겨서도 안 되지만 그렇다고 용서받지 못할 죄를 지은 사람마냥 두려움에 떨어서도 안 된다. 그저, 모든 자비의 하나님께 자신의 연약함과 부주의함을 회개하고 다른 사람들에게 솔직하게 이야기한 후 다음부터는 더 잘하겠다고 다짐하면 된다. 그리고 공동체는 동료 금식자를 긍휼로 대해야 한다. 금식은 누구에게나 쉽지 않은 일이다.

조잡한 결의법

결의법(casuistry)이란 보편적 원칙을 특정 사례에 적용하는 방법을 가리키는데, 규칙을 조작하여 결과적으로 상위의 대원칙과 어긋나지 않게 하는 방법으로 사용되는 경우가 많다. 금식은 엄숙한 상황에 음식과 물을 거부함으로써 반응하는 것인데, 조잡한 결의법을 통해 원칙(금식)을 지나치게 좁은 범위로 정의하는 경우가 생겨난다. 금식과 관련해 조잡한 결의법이 어떻게 일어날 수 있는지 살펴보자. 금식은 본래 음식을 거부하는 것인데, (조잡한 결의법으로 해석하면) 금식은 즐거움을 금하는 것이므로 즐거움을 주는 음식들만 먹지 않으면 된다는 식이다. 이를테면 육류라든가 맛있는 후식은 금해야 하지만 별로 맛이 없는 완두콩은 먹어도 된다는 것이다(오, 주여…).

마르틴 루터는 특유의 독설로, 특정 음식(육류 등)이나 음료(포도주 등)만 피하고 다른 음식은 얼마든지 먹을 수 있다는 식의 치졸한 궤변에 일침을 가하며, 그것은 절대 금식이 될 수 없다고 반박했다.

나는 교황들이 '금식'이라고 지칭하며 행하는 것 중에 참된 금식을 본 적이 없다. 값비싼 생선에 맛있는 양념들을 발라서 두세 명이 족히 먹고도 남을 양을 요리하여 독한 술과 함께 한 시간에서 세 시간에 걸쳐 뱃속에 채워 넣는 일을 어떻게 금식이라 부를 수 있단 말인가? 애석하게도 이것이 교황청에서 벌어지는 현실이며 심지어 엄격한 수도원의 일부 수도사들도 그런 금식을 하고 있다. 정말로 엄격하게 규칙을 준수하는 거룩한 사제들과 주교, 수도원장과 성직자들이, 열에서 스무 가지에 이르는 정찬을 먹고 밤에는 몇 명의 농부들이 3일간 먹고살 만큼의 후식들을 먹어 치운다.[1]

루터의 지적은 신랄했다. "기독교 국가에서 일부 사람들이 이런 식의 금식을 허용하고 배가 터지게 먹고 마시는 탐욕을 올바른 금식이라 여기면서 하나님을 속이고 있는 현실에 위기감을 느낀다."[2] 이것이야말로 최악의 결의법이다.

이와 같은 사람들이 분명 있었겠지만, 루터의 말에 과장된 면이 없는 것은 아니다. 당시 로마가톨릭 성직자들 중에는 철저히 금식했던 사람들이 많았으며 그들의 금식은 매우 기독교적이었다. 루터의 말을 듣고 '금식이 이런 것이라면 아예 하지 말아야겠다'고 마음먹은 사람들도 많을 것이다. 루터의 말은, 우리도 쉽게 범할 수 있는 왜곡된 결의법에 대한 다소 과장된 교훈 정도로 받아들이면 좋겠다.

위선

이사야와 예수님의 말씀에서부터 순교자 유스티누스의 「트리폰과의 대화」(Dialogue with Trypho), 초기 기독교의 「바나바 서신」, 마르틴 루터의 경고, 그리고 기독교 서점에서 찾을 수 있는 금식에 관한 모든 책들이 말하는 바는 한결같다. 바로 "그리스도인이여, 금식을 하려거든 위선자가 되지 않도록 주의하라!"이다. 나는 금식을 하면서도 도덕적으로는 전혀 변화되지 않는 것의 위험을 경고했던 바실리우스의 표현을 좋아한다. "그대의 귀중품들을 보관하고 있는 이 금고는 안전하지 않다. 그대의 포도주통 바닥에는 구멍이 있어서 포도주는 줄줄 새고 있고, 그러면서도 죄는 여전히 남아 있다."[3] 금식을 하는데도 하나님과 이웃을 향한 당신의 사랑이 더 깊어지고 거룩함이 더 온전해지지 않는다면, 당신의 영성은 줄줄 새고 있는 것이다!

4세기의 교부로서 베들레헴에 있는 수도원을 감독했던 엄격한 성격의 히에로니무스는 유스토키움이라는 사람에게 장문의 편지를 보내 이렇게 권고했다. "만일 그대가 이틀이나 사흘간 금식했다고 해서 금식하지 않는 사람보다 자신이 더 낫다고 생각하지 마시오. 당신은 금식하면서 화를 내는데 다른 사람은 음식을 먹으면서 온화한 미소를 띠고, 굶주린 당신은 사람들에게 시비를 걸면서 짜증을 해소하는데 다른 사람은 적당히 음식을 먹으며 하나님께 감사의 기도를 드릴 수 있기 때문이오."[4] 결국 요점은, 선한 사람이 되는 것이 금식의 목적이라는 말이다. 금식을 하면서 인품이나 도덕성이 조금도 나아지지 않았다면 올바로 금식했다고 말할 수 없다. 그러므로 히에로니무스가 말한 바와 같이, 금식이 영성의 핵심이라고 착각해서는 안 된다.

성 크리소스토무스는 마태복음에 관한 설교에서 다음과 같이 말했다. "마음속에 사악함이 가득할 때 금식이 무슨 소용이 있겠는가? 다른 사람을 비난하고 자신의 눈에 들보를 품고도 남을 정죄하면서, 그저 보여 주기 위해 금식을 하고 있다면 그것이 대체 무슨 소용이 있겠는가?"[5] 나는 그가 남긴 보석 같은 교훈을 좋아한다. "당신이 철저하게 금식을 해서 바닥에 엎드려 죽는다 해도 이웃을 생각하는 마음이 전혀 없다면, 당신은 전혀 위대한 일을 한 것이 아니며 그리스도의 형상과 전혀 관계없는 사람일 뿐이다."[6]

금식이 우리를 사랑과 거룩으로 인도하지 않는다면 그것은 위선이 될 가능성이 높다. 금식은 신성한 순간에 대한 반응이며 신성한 것과 접촉한 사람은 반드시 변하게 되어 있다. 원리는 간단하다. 금식의 목적도 다른 모든 영성 훈련처럼 하나님과 이웃에 대한 사랑이 더욱 깊어지는 것이다. 만약 그렇게 되지 않는다면 뭔가가 잘못된 것이다.

주목 끌기

위선과 유사한 문제점으로, 어떤 그리스도인들은 주목을 받기 위해 금식을 이용한다. 그들이 금식을 하는 이유는 자신이 영광을 받기 위해서다. 말하자면 이런 논리다.

모든 사람은 금식하는 그리스도인을 경건하다고 생각한다.
나는 금식한다.
그러므로 사람들은 나를 경건하다고 생각할 것이다.

예수님은 이렇게 말씀하셨다. "그들은 자기 상을 이미 받았느니라"(마 6:16). 그들이 원하는 것은 오직 주목받는 것이었다. 예수님은 이들에게 매우 훌륭한 전략을 제시하셨는데, 오늘날에도 깊이 새길 만하다. 금식할 때는 사람들에게 금식한다는 말을 일체 하지 말고, 금식하는 것을 드러나게 하려고 재를 얼굴에 바르지 말라. 뭔가 구별되고자 하는 표시로 재를 발랐다면 깨끗이 씻어 버리라.

이것은 지켜야 하는 규정이 아니라, 금식을 주목을 끌기 위한 휘장으로 여겼던 사람에게 던진 예수님의 경고였다. 베옷을 입든 재를 바르든 먼지를 뒤집어쓰든 오로지 금식에만 집중하는 사람들이 있고, 경건을 드러내는 흔적들은 어떤 것이든 지우도록 해야 할 사람들도 있다.[7]

공적 쌓기

루터의 신랄한 비판은 공적 쌓기의 문제에서 한층 빛을 발한다. 많은 사람이 금식을 통해 하나님의 호의를 얻으려 하고, 금식이 하나님 앞에서 공을 쌓는 행위라고 생각한다. 공적 쌓기에 대한 비판은 루터와 그를 따르는 사람들이 제기했던 매우 유명한 논쟁이며, 이는 가톨릭을 비판하는 사람들이 즐겨 사용하는 카드이기도 하기 때문에, 여기서는 공을 쌓는 것 자체에 대한 논의만 다루도록 하겠다. 사실 이것은 가톨릭뿐 아니라 다른 개신교 진영에도 보편적으로 적용되는 부분이며, 문제는 가톨릭 신학에 있는 것이 아니라 하나님 앞에서 어떤 행위를 함으로써 호의를 얻을 수 있다고 생각하는 인간에게 있다.

개신교의 대표적인 표어는 '오직 은혜로, 오직 믿음으로'(*sola gratia and sola fide*)다. 하나님의 호의를 얻기 위해 인간이 할 수 있는 일은 아무것도 없다. 하나님이 자비와 사랑으로 우리에게 은혜를 주시는 것이지, 우리가 그럴 만한 일을 해서 은혜를 베푸시는 것이 아니다. 루터의 말을 들어 보자. "금식이 죄를 용서받고 하나님과 화해하기 위한 공적 쌓기의 수단으로 변해 가고 있다."[8] 엄숙한 상황에 대한 자발적이고도 자연스러운 몸의 반응인 금식이 일종의 공적으로 바뀌는 것은, 구약 시대가 끝나고 예수님이 이 땅에 오시기 전의 어느 시점에 일어났다. 위경에 나오는 솔로몬의 시편에는 다음과 같은 구절이 등장한다. "의인은 의도치 않은 죄를 제기하기 위해 늏임없이 자신의 집안을 살핀다. 그리하여 금식과 겸허함으로 부지중에 지은 죄들을 속죄한다"(솔로몬의 시편 3:7-8).

오늘을 살아가는 우리에게도 이러한 문제점이 있다. 만약 우리가 금식을 하면서 뭔가 대단한 일을 했다고 생각하고, 남보다 나은 일을 했기 때문에 하나님이 특별히 관심을 가져 주시고 더 나아가 특별한 축복을 주시리라 생각한다면, 금식을 잘못 이해한 것이다.

유익병

나는 신조어를 만들어 내는 데 취미가 없는 사람이지만 '유익병'(benefit-itis)이라는 말은 나름 그럴듯해 보인다. 금식 훈련을 유익의 측면에서 바라보는 사람들은, 그것을 통해 무엇을 얻을 수 있을지만 생각한다. 이것 역시 금식을 수단으로 여기는 것이다. 오늘날에도 금식을 하면 더 영적인 사람이 되고, 하나님께 더 가까이 나아가게 되고, 하나님의 은혜를 더 많이 받게 되고, 더 건강해지고…유익이 더 많아질 거라고 권면하는 사람들이 있다. 나는 금식을 통해 얻게 될 유익들만 생각하는 사람들을 '유익병'에 걸렸다고 말하고 싶다.

다시 말하지만 그것은 터무니없는 생각이다. 성경의 깊은 전통 안에 있는 금식은 삶의 엄숙한 순간에 대한 반응일 뿐 결코 무엇을 얻으려는 시도가 아니었다. 자신이 직면한 상황이 너무도 엄숙해서 그 상황에 전 존재로 하나님께 나아가는 길이 금식밖에 없기 때문에 우리는 금식을 한다. 하나님께 무엇을 받아내기 위해서가 아니라 자신을 하나님께 가장 완벽하게 표현하기 위해 금식하는 것이다. 물론, 때로 하나님께 무엇인가를 얻으려는 의도로 금식할 때도 있다(4장을 참조하라). 그러나 그런 상황에도 금식은 어떤 유익을 얻는 수단이라기보다는, 간구하는 바가 너무나 간절해서 그 간절함을 적절하게 표현하는 방식이다.

약간 다르게 말하면, 금식은 하나님께 나아가는 길을 깨끗하게 닦는 행위도, 하나님께 더 가까이 나가게 만드는 행위도 아니다. 금식은 인생의 엄숙한 상황과 맞닥뜨렸을 때 전적으로 하나님께 집중하기 위한 방법이다. 뭔가를 얻는 데만 초점을 맞추는 것은 금식이라는 경험을 통해 인간이 경험할 수 있는 영광을 왜곡하는 것이다.

건강

금식이 건강에 좋다고 주장하는 사람들이 있지만 심리학자들은 금식으로 인해 거식증에 걸릴 수 있다고 경고한다. 충분히 그럴 수 있다. 당신이 사는 동네의 의사들은 분명히 금식을 무리하게 하면 세포의 균형이 깨셔 건강을 해칠 수 있다고 조언할 것이다. 금식이 건강에 좋다는 주장에는 반드시 의사의 검증이 필요하다. 금식의 의학적인 측면은 대단히 중요한 문제이기 때문에 이 책의 마지막 장에서 더 구체적으로 다룰 것이다.

극단주의

우리들 중에는 일주일에 한 번 정도 금식을 하다가 점차 금식의 횟수를 늘리며 급기야 자신의 몸에 매질을 하고, 털옷이나 베옷을 입고, 뼈만 앙상해져 정신 이상을 의심할 정도로 극단적인 금식을 하는 사람들 이야기를 들어 본 사람이 있을 것이다. 이것이 바로 극단주의의 위험성이다. 다른 모든 일과 마찬가지로 금식도 적절하고도 균형 있게 행해져야 한다.

히에로니무스는 자신의 극단적인 금식과 금욕 생활에 대해 다음과 같은 글을 남겼다.

눈물과 탄식은 날마다 나의 몫이다. 어쩌다 졸음에 의지가 꺾여 바닥에 쓰러지면 앙상한 내 몸의 뼈들이 사정없이 바닥에 부딪친다. 음식과 음료에 대해서는 할 말이 없다. 심지어 병이 나도 은둔자인 나에게는 찬물밖에 먹을 것이 없다. 요리한 음식을 먹는다는 것은 자기 탐닉으로밖에 여겨지지 않는다. 지옥에 대한 두려움 속에서 전갈과 맹수밖에 없는 이 감옥[사막]에 스스로를 묶어 두었지만, 종종 내가 여인들 무리에 둘러싸여 있는 환상을 본다. 금식으로 얼굴이 창백해지고 온몸이 한기에 떨면서도 마음은 욕정으로 불타오른다. 죽은 시체나 다름없는 몸에서도 정욕의 불길이 끊임없이 솟구쳐 올라온다.

그러나 그는 이런 말도 덧붙였다. "가끔은 내가 천군천사들 속에 있는 것 같은 느낌이 든다."⁹⁾

카시아누스는 극단적 금식의 위험을 경고하면서, 가혹한 금욕 생활을 했던 자신의 경험담을 들려준다.

> 음식에 대한 욕구를 계속해서 억제하다 보니, 이틀이나 사흘간 아무것도 먹지 않아도 내 마음은 아무런 미동이 없었다. 심지어 숱한 음식들을 계속 머릿속에 떠올려도 말이다. 또한 악마의 공격으로 잠도 사라져 며칠 밤낮을 뜬눈으로 새우기 일쑤였고 나는 주님께 잠시라도 잠을 허락해 달라고 기도하곤 했다. 나는 내가 나태와 탐식과의 싸움보다는 음식과 잠의 부족으로 인해 더 큰 위험에 빠져 버린 느낌이었다.

오랜 기간의 금욕 생활 끝에 카시아누스는 다음과 같은 결론을 내렸다. "과도한 금욕은 부절제한 생활보다 더 해로울 수 있다."¹⁰⁾ 히에로니무스가 말했듯이 사람은 누구나 먹어야 살고 금식도 정도껏 해야 한다. "내가 경험을 통해 깨달은 것은, 짐을 지고 걸어가는 당나귀도 지치면 여관에 들여 쉬게 한다는 것이다."¹¹⁾

금식이 극단으로 치우칠 수 있다고 해서 모두 나쁘다고 말할 수는 없다. 그러나 금식이 극단적인 형태로 갔을 때 육신과 영혼

모두에 해가 될 수 있음을 명심해야 한다. 교회에 해가 되는 것은 말할 것도 없다. 이 책에서 금욕적인 삶을 집중적으로 다룰 수는 없지만, 가혹한 금식과 금욕주의가 서로 연결되어 개인의 영성에 해가 되는 상황을 어렵지 않게 볼 수 있다. 히에로니무스는 극단주의자들 중에는 가혹한 금식으로 인해 "무엇을 해야 할지, 어디로 가야 할지, 언제 말해야 할지, 언제 침묵해야 할지 모르는"[12] 사람들이 있다고 한탄했다.

살찌는 화요일

'살찌는 화요일'(Fat Tuesday)은 전통적으로 고기와 음료를 먹을 수 있을 때까지 실컷 먹고 마시며 배를 채우는 날이다. 왜냐하면 사순절이 재의 수요일부터 시작되기 때문이다. 이것은 금식하기 전에 흔히 나타나는 전형적인 모습이다.

사실 이러한 전통은 오늘날 뉴올리언스에서 일어나는 상황보다 훨씬 오래된 것이다. 크리소스토무스는 4세기경의 이러한 풍속도를 비판하면서 자신의 교회 사람들에게 일침을 가했다.

많은 신자들이 금식에 돌입하기에 앞서 마치 자신의 배가 장기간의 포로 생활에 들어가는 것처럼 한바탕 폭음과 폭식을 행하고 있다. 또한 [사순절이 끝나서] 금식이 종료되면 오랜 기아와 비참한 감옥에서 해방된 듯 식탁으로 달려가서 게걸스럽게 먹어댄다. 금식으로 애써 얻은 유익을 주체 못할 탐욕 때문에 무효로 만들고자 애쓰는 사람들처럼 말이다.[13]

금식 전후에 폭식을 한다면 금식의 의미도 무색해질 뿐 아니라 건강에도 해롭다는 사실을 꼭 기억하자.

12장
금식의 유익

미네소타 주에서 목회하는 존 파이퍼 목사는, 30년 동안 한 대학의 학장으로 있다 이후 금식의 의미를 배우게 된 칼 룬드퀴스트(Carl Lundquist)의 이야기를 들려주었다. 그는 한국에서 김준곤 목사를 만나 이야기를 나누는 가운데, 김 목사가 절박한 상황 속에서 정치권의 결정을 되돌리기 위해 40일간 금식한 적이 있었다는 사실에 큰 충격을 받았다. "김 목사의 이야기를 듣고 호텔 방에 돌아가 생각해 보니 나는 한 번도 그런 금식을 해 본 적이 없다는 생각이 들었습니다." 주목해야 할 것은 그 뒤에 이어지는 말이다. "아마도 내가 그토록 강렬하게 하나님의 일하심을 고대한 적이 없었기 때문일 겁니다."[1] 바로 그런 갈망, 절실함, '간절히 원하는 마음'이, 궁극적으로 유익이 되는 금식을 일으키는 동인이다. 금식은 한마디로 '그렇게 되기를 원하는' 사람들의, 그리고 비통한 순간에 어떤 갈망을 가지게 된 사람들의 자연스런 반응이다.

경고

　금식의 유익을 살펴보기 전에 가장 먼저 언급하고 싶은 것은 금식할 때 응답이 즉각적이고도 눈에 띄게 나타나지 않을 수도 있다는 사실이다. 다윗은 하나님 앞에서 자신의 아들을 살려 달라고 금식하며 기도했지만, 결국 그의 아들은 죽었다. 수많은 그리스도인들이 수없이 많은 이유와 간구의 제목들을 가지고 금식했지만 모두가 자신이 원했던 대로 기도 응답을 받은 것은 아니다. 어떤 사람은 죄를 이기기 위해 금식하지만 결국 성과를 얻지 못한다. 어떤 사람은 하나님과 더 가까워지고 싶어 금식하지만 자신과 하나님 사이에 두꺼운 벽만을 느낄 뿐이다. 그렇기 때문에 다른 이야기를 하기 전에 이 문제부터 다룰 필요가 있다. 금식은 마술도 아니고 보증수표도 아니다. 원할 때면 언제든 사용해서 결과물이 나오게 하는 기술도 아니다. 금식의 원리로 다시 돌아가자면, 엄숙한 상황(A)에 대한 통합된 인간의 반응이 금식(B)이고, 그에 대한 결과(C)는 있을 수도 있지만 없을 수도 있다. 그것이 바로 깊은 기독교 전통 안에 있는 금식의 핵심이다.

　금식은 자신의 전인(몸, 영혼, 영, 마음, 정신)을 하나님께 모두 바치는 사람에게 일어나는 어떤 것이다. 나니아 연대기에 나오는 주인공 어린이들에게 때로는 나무 옷장 속에 나니아로 가는 길이 보이다가 어떤 때는 아무 길도 보이지 않는 것처럼, 하나님 앞에 나아가는 일도 마찬가지다. 금식하는 사람도 때로는 니니아로 인도받을 수 있고 때로는 그렇지 못할 수도 있다. 옷장 문을 연다고 해서 자동적으로 니니아로 가는 길이 활짝 열리는 것은 아니다.

다시 한 번 이 책의 논점을 되짚어 보자면, 금식은 몸의 언어다. 우리는 하나님의 직접적인 응답을 받기 위해 금식하는 것이 아니라, 금식이 생의 엄숙한 상황에 대한 가장 적합하고 가장 통합된 반응이기 때문이다. 그저 하나님과 전인적으로 소통하는 것만으로도 우리는 큰 기쁨을 느낀다. 나는 하나님과의 소통이 금식의 핵심 목적이라고 생각한다.

하지만 역사상 많은 그리스도인들이 남긴 잘못된 선례로 인해, 수많은 사람들이 금식의 진정한 유익을 무시하게 되었다. 계속 강조하는 바지만, 금식이 자동적으로 어떤 유익을 가져다주지는 않는다. 모든 좋은 선물은 하나님에게서 오며, 우리는 그저 하나님 앞에 우리 자신을 내려놓을 뿐이다. 그리고 하나님은 우리가 원하는 것을 주실 때도 있고 그렇지 않을 때도 있다. 하지만 야고보가 말한 대로 하나님은 의인의 간구를 들으시는 분이다(약 5:16). 그리고 때때로 의인은 자신의 절실한 간구를 표현하는 유일한 길로서 금식을 행한다. 그렇게 하나님께 자신을 전적으로 내어 드린 사람은, 때로 하나님을 깊이 체험하고, 죄에서 자유를 얻고, 기도 응답을 받고, 가난한 자들에게 정의가 실현되는 일을 경험하게 된다. 이제 금식에 관한 가장 탁월한 글 하나를 소개하고자 한다. 바로 성 바실리우스의 "금식에 관하여"라는 설교문이다.

> 금식은 선지자를 탄생시키고, 강한 자를 더 강하게 한다.
> 금식은 입법자들을 더욱 현명하게 만든다.
> 금식은 영혼의 수호자, 육신의 동반자이며 용감한 자의 무기이고 우승자가 행한 훈련이다.
> 금식은 유혹에 대한 일격이자, 거룩한 자에게 붓는 기름이다.
> 금식은 절제의 친구이며 건전한 정신의 창조자다.
> 금식은 전쟁 중에 용감하게 싸우고, 평온할 때 차분함을 가르친다.
> 금식은 나실인을 성결케 하고 제사장을 완전하게 한다.[2]

하나님의 임재

하나님께 자신을 전적으로 열고 삶의 엄숙한 시기에 금식으로 반응하는 사람은 하나님의 임재를 경험하며, 때로는 직접적으로 하나님을 대면하는 놀라운 일을 체험하기도 한다. 에덴 동산에서 하나님과 함께 살았던 아담과 하와는 죄를 범한 후에 동산에서 추방되었다. 그 이야기를 통해 알 수 있는 것은 인간이 하나님과 친밀한 교제를 누리도록 창조되었지만 스스로의 의지로 하나님과 멀어졌다는 사실이다. 그러나 모든 인간의 마음속에는 여전히 하나님을 알고 싶고 가까이하고 싶은 깊은 갈망이 숨어 있다. 성 아우구스티누스는 그 갈망을 다음과 같이 표현했다. "당신은 당신 자신을 위해 우리를 만드셨습니다. 그래서 당신 안에서 안식을 찾기까지 우리 마음은 쉴 수 없습니다."[3] 이어서 그는 다음의 중요한 고백을 한다. "당신은 우리를 뒤흔들어, 당신을 향한 찬양 안에서 기쁨을 찾게 하십니다."[4] 전 기독교 역사가 증명하듯 인간은 하나님을 갈망하는 존재이며, 인간 각자에게 그런 갈망을 일으키시는 분은 바로 하나님이시다. 어떤 사람에게는 이처럼 하나님이 깊이 심어 놓으신 갈망, 하나님의 임재를 직접적으로 경험하고 싶은 깊은 갈망을 느끼는 순간이 생의 엄숙한 상황이 되고, 그 갈망이 너무나 강렬해져서 금식을 하게 된다. 자신의 삶 가운데 하나님의 임재가 느껴지지 않아서 그 부재를 깨뜨리고 살아 계신 하나님을 만나고 싶기 때문에 금식한다고 말하는 사람도 있다. 이유야 어떻든 간에, 하나님을 갈망하고 그 갈망을 금식으로 표현하고, 마침내 하나님의 임재를 경험하는 사람들이 있다.

모세도 하나님에 대한 갈망을 금식으로 표현했던 사람이다(출 34장). 모세가 금식을 했기 때문에 하나님과 대면하는 경험을 할 수 있었던 것일까, 아니면 하나님이 임재하신 상황에서 음식을 먹는 것이 그 거룩한 순간에 대한 모독이었기 때문에 금식을 했던 것일까? 금식은 하나님의 임재를 향한 전 존재의 갈망의 표현이며, 바로 그 갈망이 하나님이 거하실 공간을 창조해 낸다. 반대로, 하나님의 임재는 더 큰 하나님의 임재를 향한 갈망을 창조하고, 그것이 금식을 이끌어낸다.

예수님도 마찬가지였다(마 4:1-11). 30년간의 기도와 준비의 시간을 보내시고 하나님의 구속 계획이 완성되었다는 세례 요한의 비전을 공적으로 확인함으로써 공생애 사역을 시작하실 무렵에, 예수님은 성령에 이끌려 광야로 나아가 성부와 깊이 교제를 나누셨다. 예수님이 40일 밤낮을 금식하신 것은 그리 놀랄 일이 아니다. 예수님은 거친 광야에서 이스라엘 백성의 40년 광야 생활을 몸소 체험하신 것이다. 그런데 예수님은, 하나님께 불순종했던 이스라엘 자손들과 달리 하나님의 임재 안에서 금식하심으로 자신을 성결케 하고 그로 말미암아 하나님께 순종하셨다. 능력을 발휘하여 만나의 기적을 재현해 보라는 마귀의 유혹도 하나님과 깊이 연합된 순간의 성스러움으로부터 예수님을 떼어 놓을 수 없었다.

존 웨슬리도 이러한 일들을 실제로 경험했다. "[기도와 금식으로 나아갈 때] 하나님은 그 종들의 영혼을 이 지구상의 만물 위에 들어 올리시길 기뻐하시며, 때로는 그들을 감싸서 셋째 하늘로 올리기도 하신다."[5]

그리스도인 삶의 전 영역에 걸쳐 하나님의 영광을 드러내는 일에 헌신했던 존 파이퍼는 이 부분에 관해 오늘날 우리에게 중요하게 강조하는 것이 있다. 그는 「금식 기도」(*A Hunger for God*, 생명의말씀사)라는 책에서 금식은 하나님과의 친밀함을 향한 영혼의 갈망이라고 말한다. 금식은 우리 영혼의 가장 큰 갈망이 하나님이 기뻐하시는 것 안에서 기쁨을 얻는 것임을 깨닫게 해준다. 그는 자신이 말하고자 하는 것을 이렇게 요약하고 있다. "금식을 하는 두 가지 이유가 있다. 하나는 하나님을 향한 그리움이 너무 커서 식욕을 잃었기 때문이고, 다른 하나는 식욕이 너무 강한 나머지 하나님을 향한 그리움이 사라지는 일이 없도록 하기 위해서다."[6]

나쁜 습관으로부터의 자유

달라스 윌라드는 「영성 훈련」(*The Spirit of Disciplines*, 은성사)에서 그리스도인들이 스스로를 훈련하는 법을 배워야 한다고 주장하며 금식의 중요성을 지목했는데,[7] 그 책의 영향 때문인지는 몰라도 요즘 그리스도인들은 나쁜 습관에서 벗어나기 위한 동기로 금식을 하는 경향이 높아지고 있다. 자신의 몸을 쳐 복종시킨다고 했던 사도 바울의 말을 생각하면(고전 9:27) 요즘의 그리스도인들이 그를 따르는 것에 그리 놀랄 필요는 없다. 리처드 포스터(Richard Foster)는 "금식은 다른 어떤 훈련보다 자신을 지배하고 있는 것이 무엇인지를 확실하게 드러내 준다"고 말했다. 금식하는 사람은 몇 시간의 짧은 금식만으로 뱃속이 뒤틀리고, 금식을 지속하기 위해 먹고 싶은 욕구와 싸워야 하는 상황에 놓이게 된다. 그리고 그 욕구를 거부하는 법을 배울 수 있다. 설사 먹고 싶은 욕구를 이기지 못했다 하더라도 그러한 과정을 통해 뭔가를 배우게 된다. 그러나 리처드 포스터가 말하듯, 금식은 단순히 음식에 대한 욕구만을 드러내는 것이 아니다. "우리 안에 교만이 가득하다면, 금식은 거의 즉각적으로 그것을 드러낼 것이다. 마음속에 분노와 원망, 시기, 다툼, 두려움이 있다면 금식을 하는 동안 그러한 것들이 수면 위로 떠오르게 될 것이다."[8]

예수님 시대의 유대인들이 왜 월요일과 목요일에 금식했는지 우리로서는 알 길이 없지만, 아마도 도덕적으로 자신을 훈련하기 위해서 혹은 몸의 소망으로서 금식을 했을 것이다. 그러나 초대교회 교인들이 수요일과 금요일에 했던 고정 금식은, 예수님을 닮아가기 위한 몸의 훈련이었다고 합리적으로 추측할 수 있다. 금식을 통해 자신을 지배하는 것이 무엇인지를 깨달았다면 그 다음에 무엇을 해야 하는지도 분명히 알았을 것이다. 훈련으로서의 금식을 통해 욕망을 성령께 복종시키는 법을 배우면 나쁜 습관을 고치기도 쉬워질 것이다. 나쁜 습관과 죄악된 행위에 빠져 있던 사람들은 그 시대의 금식에 동참함으로써 점차 변화되어 나갈 수 있었을 것이다.

금식을 해 본 사람이라면 음식이야말로 인간을 지탱하는 중요한 요소임을 알게 된다. 그래서 음식을 주시는 하나님께 감사하게 된다. 음식에 대한 감사는 우리가 하나님께 얼마나 의존하는 존재인지를 깨닫게 하고, 이러한 깨달음은 우리의 도덕적 삶을 한층 더 성숙하게 만들어 준다.

기도 응답

구약에 나오는 에스라는 약속의 땅으로 돌아가는 이스라엘 백성을 향해 하나님의 보호와 인도를 받기 위해 금식하며 기도하라고 충고했고, 이스라엘 백성은 그의 말을 따랐다. 사도 바울과 동료들도 금식하며 하나님의 뜻을 구했고 그분의 인도를 받았다. 물론 오늘을 사는 우리도 하나님의 뜻을 찾고자 하는 기본적인 필요를 가지고 있기는 마찬가지다. 그리고 많은 그리스도인들이 자신을 향한 하나님의 뜻을 알기 위해 금식을 선택한다. 학생들은 무엇을 전공해야 할지 고민하고, 부모들은 자녀의 진로를 걱정하고, 어른들은 생계를 유지하기 위해, 연인들은 관계에서 일어나는 갈등을 해결하기 위해 고민한다. 이와 같은 상황에 놓인 많은 이들이, 상황을 어떻게 타개해 나가야 하는지, 어떤 길이 옳은지, 무엇이 현명한 선택인지를 결정하기 위해 금식을 선택한다.

가난한 이들을 위한 정의

이사야 58장은 금식의 본질을 잘 드러내고 있다. 참된 금식은 자기 자신을 넘어 다른 사람을 위해 선을 행하는 것이다. 금식을 하면 음식에 대한 필요를 깨닫게 되고, 그러한 깨달음은 우리로 하여금 가난한 이들의 필요를 더 깊이 헤아리게 한다. 그렇게 되면, 우리가 먹지 않은 것을 그들에게 나누어 주는 것을 넘어, 더 관대하게 나누는 삶을 살게 되고 이 세상의 가난하고 궁핍한 사람들을 위한 정의가 실현되도록 사회적 문제에 참여하고 싸우는 삶으로 나아가게 된다.

최근에 한 친구가 사순절 기간에 전 세계 가난한 이들의 주식인 곡류만 먹고 지냈다는 말을 들었다. 사순절 기간 동안 가난한 사람들의 상황에만 집중한 것이다. 그러나 그런 행동도 우리로 하여금 한 걸음 더 나아가 나누고 베푸는 사람이 되게 하지 않는다면 아무 소용이 없을 것이다.

* * *

마지막으로 말해 두고 싶은 것은, 금식을 하면 실질적인 유익을 얻는 것이 사실이지만 우리가 원하는 것을 얻기 위한 수단으로 금식해서는 안 된다는 것이다. 대신 우리는 금식으로 얻을 수 있는 모든 유익을 금식이라는 좀더 넓은 맥락 안에서 바라보아야 한다. 즉, 금식으로 얻는 모든 유익들은 엄숙한 상황에 대한 반응에서 나오는 것이다. 죽음이나 고난, 무언가를 간절히 염원하는 엄숙한 상황에 반응할 때 우리는 하나님을 향하고, 이렇게 믿음과 소망과 사랑을 가지고 하나님을 향하는 움직임 안에서 하나님은 우리가 직면한 비통한 상황에 대한 해결책을 마련해 주신다.

13장
금식과 건강

한번은 위트가 넘치는 어떤 목사님이 나를 이용하여 웃음을 유도하려고 그랬는지, 아니면 내가 공부를 너무 많이 한 것이 약간 미심쩍어서 그랬는지, 나를 소개할 때 "아무에게 아무 도움도 안 되는 박사학위를 가진 분"이라고 말한 적이 있다. '아무 도움도 안 된다'는 게 어떤 의미인지 의문이긴 하지만(사실 우리 신학자들은 누군가에게 '도움'이 되기 위해 공부하고 그런 삶을 살려고 노력한다), 적어도 지금 이 장에서 다루려고 하는 주제에 있어서는 딱 들어맞는 표현 같다. 나는 의사가 아니기 때문에 지금부터 이야기하는 내용은 순전히 전문가들의 의견을 참고한 것이다.[1] 인간이 음식을 먹지 않으면 몸에 어떤 일이 일어날까? 금식하면 건강해질까?

고대의 금식

성경에 나오는 금식의 사례들은 건강과 어떠한 관련도 없었던 것이 분명하다. 다이어트를 하려는 것도 아니었고 장을 청소하기 위한 것도 아니었다. 고대 이스라엘 백성이나 초기 그리스도인들의 몸에 관한 이해는 요즘의 초등학생들만도 못했다.[2] 그렇기 때문에 성경 말씀에서 의학적인 결론을 이끌어낸다거나 초기 그리스도인들이 가지고 있었던 몸에 관한 상식을 그대로 수용하는 것은 매우 위험한 일이다. 또한 건강과 식이요법에 대한 자신의 주장을 뒷받침하기 위해 금식과 같은 고대 영성 훈련을 예로 드는 것도 주의해야 한다.

초기 그리스도인 중에는 기름기 없고 마른 음식이 영혼에 좋고, 기름지고 물기 있는 음식과 음료가 악한 생각을 일으킨다고 생각한 사람들이 있었다. 그러한 생각을 갖게 된 데는, 2세기 소아시아 출신의 그리스 의사이자 철학자였던 갈레노스의 영향이 컸다. 갈레노스는 이 세상에 네 가지 요소(불, 흙, 공기, 물)와 네 가지 기운(따뜻함, 차가움, 건조함, 습함), 그리고 네 가지 체액 혹은 기질(다혈질, 우울질, 담즙질, 점액질)이 존재한다고 주장한 사람이다.

그의 잘못된 이론에 의하면, 이 네 요소들이 적절하게 혼합(헬라어로 *krasis*)되어야 몸이 건강해지는데, 몸을 구성하는 체액은 섭취하는 음식에 따라 결정된다고 한다. 영혼이 건강하면 몸의 건강도 따라오며, 건강하다는 것은 올바른 음식 섭취를 통해 네 가지 체액이 적절히 혼합되어 있다는 뜻이다. 포도주는 몸에 열을 내고 수분을 공급하는 반면 보리는 몸을 차게 한다. 따뜻한 성질의 음식은 담즙을 생성시키고 차가운 성질의 음식은 점액을 생성시킨다. 인간의 성적인 에너지는 커피 제조기에서 나오는 뜨거운 김과 같다. 그리고 정액은 사랑이 피를 끓게 해서 만든 '커피 거품'이다. 그래서 금식을 하든지 혹은 조금 더 건조한 음식의 식단으로만 바꾸어도 성적 욕구를 식힐 수 있고 좀더 정숙한 삶을 살 수 있다. 음식 섭취와 도덕적 건강이 밀접히 연관되어 있는 것이다. (의학적으로 보아도 사람이 충분한 음식 섭취를 하지 않으면 성적인 욕구를 비롯해 모든 열정이 줄어들게 된다.)

더 구체적인 내용을 논할 수도 있지만, 요점만 정리해 보면 이렇다. 고대 사람들은 인간의 몸에 대해 설명하기 위해 최선을 다했지만 과학적인 근거는 희박했고, 그래서 몸의 건강과 도덕성을 연관 짓는 오류를 낳았다.

금식의 위험성

또 한 가지 분명한 것은, 올바른 건강의 원리들을 지키며 지혜롭게 금식하지 않으면 몸을 해칠 수 있다는 사실이다. 존 웨슬리는 옥스퍼드 대학의 감리교 서클에 속한 아들을 둔 리처드 모건(Richard Morgan)에게 보낸 편지에서 이렇게 쓰고 있다. "지난 일요일에 우리 형제가 당신의 아들을 죽게 만들었다는 이야기를 들었습니다(귀하께서도 물론 자세한 소식을 기다리셨을 겁니다). 우리의 조언을 따라 자제분께서 가혹하게 금식했던 것이 병을 악화시켜 사망을 재촉한 것입니다." 웨슬리는 자신의 입장을 변호했다.[3]

이 이야기는 의료 전문가의 올바른 조언 없이 가혹한 금식을 하는 사람들에게 경고를 준다. 금식은 몸에 필요한 영양소를 빼앗기 때문에 각별히 주의해서 지혜롭게 해야 한다. 우리는 여기서 솔직해져야만 한다. 몇 시간 동안 음식을 먹지 않아도, 우리의 몸은 말 그대로 아사 지경에 빠진다.

요즘에는 극단적인 다이어트로 거식증에 걸리는 사례가 빈번하게 발생하고 있다. 상황이 이러한 만큼, 교회 지도자들은 특히 젊은 사람들에게 금식에 따르는 그와 같은 위험을 경고해야 한다. 교회에서 십대 청소년들이 금식할 때는 부모와 목사와 리더들이 주의 깊게 그들을 보살펴야 한다. 개중에는 오로지 날씬해지고 싶어서 금식을 하겠다는 아이들이 있으므로 옆에서 세심한 관심을 기울이지 않으면 자칫 거식증으로 발전할 수도 있다. 최근 한 친구는 내게, 그와 같은 위험성 때문에 청년 그룹에는 절대로 금식을 권장하지 않는다고 말했다.

금식과 현대 의학

건강 전문가 중에는 금식을 하거나 장내 노폐물을 제거하면 건강이 좋아진다고 주장하는 사람들이 있다. 그러나 많은 의사들은 금식으로 대장을 '청소'할 수 없으며 다른 장기에 휴식을 줄 수 있는 것도 아니라고 반박한다. 오히려 전해질의 균형을 파괴해서 몸속에 꼭 필요한 박테리아를 잃게 되고 피가 산성이 된다고 한다. 음식을 먹지 않으면 인간의 몸은 자체적으로 영양소를 공급하려고 근육과 단백질을 소모하게 된다. 금식이나 단식은 몸을 깨끗하게 만드는 게 아니라 신진대사의 독소를 증가시켜 혈압을 낮춘다고 의사들은 경고한다. 그러나 적절한 수분을 공급하면서 열두 시간 이내로 금식하면 몸에 해가 되지 않는다.

건강을 목적으로 한 '단식'은 사실 체중 감량 혹은 몸이 가볍게 느껴질 때 오는 만족감을 위해서 하는 금식이다. 질병을 다루는 의사들은 비만이 건강에 악영향을 미치므로 음식 섭취를 조절해서 체중을 감량하라고 권한다. 그리고 적절한 다이어트는 체중을 줄여 줌으로써 건강과 장수를 가져다주기도 한다. 하지만 무리한 금식으로 체중을 감량하려고 해서는 안 되며 종교적 이유를 구실 삼아 금식을 다이어트에 이용해서도 안 된다. 가장 건강한 다이어트는, 적절한 탄수화물을 섭취하고 건강한 식단과 운동을 병행하는 것이다.

성경에 나오는 금식은 살을 빼거나 건강을 증진하려는 노력과 아무 상관이 없었다는 사실을 명심하라. 부적절한 금식은 몸을 해칠 수 있다. 최근 두 명의 의사가 내게, 금식을 통해 우리 몸이 얻을 수 있는 유익은 아무것도 없다고 말했다(비만일 경우 살을 빼야 한다는 데는 두 사람 모두 동의했지만 금식은 살을 빼기 위한 적절한 방법이 아니라고 한다).

나는 의사가 아니기 때문에 이런 의사들의 연구 결과에 의존할 수밖에 없다. 건강 관련 전문가들과 금식 옹호자들은 금식이 건강에 유익하다고 아무 두려움 없이 주장하고 있지만, 나는 이 문제에 있어 의사들의 편에 서고 싶다. 의사들은 금식이 몸을 해칠 수 있는 잠재적 위험을 가지고 있다고 말한다. 그래서 나는 안전하고 확실한 상황에서만 금식하기를 권하고 싶다. 혹시라도 미심쩍은 부분이 있으면 반드시 의사와 상의해야 한다. 금식 훈련을 시작하려고 한다면, 우선 아침부터 저녁까지 금식하고 다음날 아침을 굶은 후 점심을 먹어 보라. 자신의 몸이 그와 같은 금식을 잘 견뎌낼 경우에는 저녁부터 다음날 저녁까지 금식을 시도해 보라. 당뇨병이 있다거나 어린이, 임신부, 수유하는 여성, 심각한 질환이 있는 환자, 허약한 사람들은 금식을 해서는 안 된다.

금식하면 몸에 어떤 일이 일어날까?

신선한 연어 한 조각을 준비하라. 연어를 프라이팬에 넣기 전에 가스 불을 최고로 높여서 프라이팬이 벌겋게 될 정도로 달구라. 그런 다음에 연어를 팬에 넣으면 고기가 지글지글 타는 소리가 들릴 것이다. 15분 정도 그대로 놔두라. 검은 연기가 치솟으며 연어가 새까맣게 타 버릴 것이다(당신이 야외에 있지 않는 한 이런 요리법을 실제로 따라하는 것은 금물이다!). 그럼 이번에는 전혀 다른 요리법을 제안해 보겠다. 신선한 연어 한 조각을 준비하고 양면에 올리브유(약간의 야생버섯 향이 나는 기름이면 금상첨화다)를 바른 후에 한 시간 정도 냉장고에 두라. 이제 프라이팬을 중불로 달구고, 냉장고에서 꺼낸 연어를 살짝 올려 4-6분 정도 두라. 그리고 뒤집어서 뒷면 역시 4-6분 정도 구워 보라.

내가 이 비유를 든 이유는, 무리하게 금식을 하다가 몸에 저장된 에너지를 모두 태워 버리고 건강을 해치는 사람들이 있기 때문이다. 시에나의 성녀 카타리나와 성 프란체스코가 그런 경우다. 하지만 많은 사람들이, 즉각적 금식이든 교회력을 따른 금식이든 극단으로 치우치지 않고도 올리브유를 바르듯 금식이라는 기름을 적절하게 바르는 삶을 살고 있다. 그런 사람들은 금식이 좋은 영성 훈련이 된다는 것을 아는 사람들이다. 어느 쪽이 더 현명한 방법인가? 대답은 자명하다.

만약 당신이 금식할 때 당신의 몸에 무슨 일을 하고 있는지 모른다면 머지않아 당신의 건강을 '다 태워 버릴' 가능성이 많다. 우리는 의학적으로 금식이 몸에 어떤 영향을 주는지를 확실히 알 필요가 있다. 금식할 때 우리 몸에는 어떤 일이 일어나는 걸까?

기본 원리

앞서 말한 연어의 비유에서처럼 우리 몸은 삶이라는 화염 속에서 살아남기 위해서 '기름'이 필요하다. 즉 몸에는 에너지가 필요한데, 이 에너지는 주로 몸속에 들어온 탄수화물이 소화 효소에 의해 분해된 포도당 형태로 존재한다. 연어를 먹으면 우리 몸은 그 고기를 에너지로 전환시키게 된다. 몸에는 이런 '기름'이 있어야 세포도 행복하고 신진대사도 활발해지고 몸 안의 모든 기능이 정상적으로 돌아갈 수 있다. 음식을 먹으면 몸이라는 기계는 계속해서 작동하게 되고 모든 세포들은 각각 자기만의 독특한 노래를 부르고 춤을 춘다.

하지만 금식을 하기 위해 음식을 먹지 않으면, 우리는 기름을 두르지 않은 뜨거운 프라이팬에 우리 몸을 던져 넣게 된다. 포도당을 만들 탄수화물이 없으므로 몸에는 비상이 걸리고, 생존할 수 있는 해결책을 스스로 찾아 나선다. 바로 '비상식량 창고'로 달려가는 것이다. 그 창고는 바로 간이나 근육으로서, 우리 몸은 그곳에 저장된 에너지원을 꺼내 비상 자원으로 사용한다. 간에 있는 작은 식량 창고에는 약간의 물도 저장되어 있어서, 금식을 하면 간의 수분도 줄어들게 된다. 결과적으로, 금식은 불가피하게 급격한 체중 손실을 가져오게 된다.

잠재적 위험

지나친 금식 때문에 나타날 수 있는 해로운 증상으로는, 철 결핍, 비타민 B의 감소, 지방과 근육 손실 등을 들 수 있다. 만일 그런 증상들이 나타남에도 불구하고 계속해서 금식을 감행하게 되면 '케톤증'을 비롯해 여러 가지 위험한 증상이 나타나게 된다. 음식을 먹지 않으면 몸은 에너지로 전환할 수 있는 것들을 찾아 나서는데, 탄수화물 부족을 인식한 몸이 가장 먼저 눈을 돌리는 쪽은 바로 지방이다. 케톤증이란 탄수화물이 부족한 상황에서 지방산 대사 작용의 부산물인 케톤이 과도하게 쌓인 상태를 말한다. 포도당 결핍이 일어나면 몸은 지방에서 에너지를 짜내게 되는데, 지방을 에너지로 분해하는 과정에서 생성되는 지방산은 결국 혈액 속으로 흘러들고 그 지방산이 혈액 속에서 케톤으로 바뀌는 것이다. 의학 전문가들은 케톤증을 정상적인 상태로 보지 않는다. 혈액 속에 축적된 지방산은 심장의 활동에 치명적이지는 않더라도 심각한 영향을 줄 수 있다.

「세실 의학 교과서」(Cecil Textbook of Medicine)에 보면 인간의 몸이 얼마나 빨리 인체의 비상 자원을 소모하는지 알 수 있다.

24시간 금식을 하면 포도당[우리 몸의 가장 자연스럽고 이상적인 에너지원]이라는 연료가 감소하고 간의 글리코겐 축적률은 15퍼센

트로 떨어진다.…3일간 금식하면 포도당 생산 비율이 절반으로 떨어지고 지방 분해 비율은 12시간 금식했을 때에 비해 두 배나 증가한다.…7일간 금식하면 케톤체의 농도가 75배 증가하고 뇌에서 필요한 에너지의 무려 70퍼센트를 케톤체가 공급하는 상황이 된다.[4]

이 모든 사실을 감안할 때, 인간의 몸은 금식에 적응할 수는 있으나 오직 생존을 유지하는 차원에서 그러할 뿐이다. 우리는 몸 안에 있는 응급실에 의존하며 살아가도록 창조된 존재가 아니다. 바꿔 말하면, 금식은 우리 몸의 건강과 안정성을 위협한다.

케톤증, 좋은 것인가 나쁜 것인가?

인간의 몸이 간과 근육에 저장된 에너지를 계속 소모하는 동안, 몸 안에는 계속 유독성 산성 물질이 방출되고 결국 몸은 심각한 독성으로 오염되고 만다(게다가 케톤증은 입과 피부에서 불쾌하고 나쁜 냄새가 나게 한다). 몸이 케톤을 '기름'으로 사용하는 순간, 몸은 여러 면에서 쇠퇴하기(몸 자체를 자원으로 사용하기) 시작한다. 왜냐하면 몸은 케톤증을 굶주림의 시작으로 인식하기 때문이다. 일부 건강 전문가들이나 단식 옹호자들은 케톤증을 좋은 현상으로 보고, 심지어 그것이 영적인 민감성을 높이고 식욕 감퇴(이것은 건강한 상태가 아니다)를 통한 만족감을 준다고 말한다. 하지만 의사들은 케톤증이 일종의 기아 현상이며 증상이 심해지면 케토애시도시스(ketoacidosis)라는 위험한 상태로까지 발전할 수 있다고 경고한다.

인간의 몸은 케톤증 상태로 40일 정도를 버틸 수 있고 그 기간에 여러 가지 건강하지 못한 증상들을 경험하는데, 가장 현저하게 나타나는 증상이 식욕 부진이다. 물만 마시면서(간혹 주스를 마시는 경우가 있지만) 혹독하게 40일간을 금식하고 나면 몸에서 다시 식욕이 돋는다(왜냐하면 음식을 먹지 않으면 굶어 죽을 수 있음을 몸이 의식하기 때문이다). 하지만 40일을 넘어가면 몸에 심각한 장애가 일어나게 된다. 몸 안에 축적된 지방까지 거의 다 연료로 사용됐을 때는 단백질마저 분해하기 시작한다. 그래서 근육 감소를 초래하게 되고 감소된 근육을 회복하기 위해서는 몇 개월의 시간이 걸린다.

* * *

금식은 통합된 인간이 엄숙한 순간에 경험하는 어떤 것이다. 죽음, 죄에 대한 깊은 깨달음, 하나님에 대한 간절한 필요, 거룩과 사랑에 대한 깊은 갈망 등, 그와 같은 것들이 닥쳐온 순간이 너무도 엄숙하고 절실해서 도저히 음식을 먹을 수 없는 것이다. 동시에, 우리 몸은 생존을 위해 음식이 필요하며, 우리는 그 사실을 알아야 할 책임이 있다. 우리는 음식을 먹는 것의 신성함과 금식의 신성함을 분별할 줄 아는 사람으로서 하나님과 자기 자신, 그리고 이웃 앞에서 살아가야 한다.

나오는 글

이 책의 도입부에서 내린 금식의 정의를 다시 한 번 살펴보자.

금식은 인생의 비통하고 엄숙한 상황에 대한 자연스럽고도 불가피한 반응이다.

지금쯤 당신은 금식의 정의를 구성하는 각각의 내용을 명확하게 파악했을 것이다. 금식은 특정 기간 동안 음식을 먹지 않거나 물을 마시지 않는 것을 말한다. 금식은 특정한 것만을 먹거나 마시지 않는 절식도, 건강상의 이유로 다양한 종류의 음식을 먹거나 마시지 않기로 결심하는 다이어트도 아니다. 성경에도 나와 있듯이, 금식은 전인에 대한 유기적이고 통합적인 감각에서 나오는 행위, 몸과 영혼의 완전한 조화 속에 이루어지는 행위다. 통합된 인간이 삶의 엄숙한 상황에 직면할 때, 금식은 매우 **자연스럽고도 불가피하게 나오는 반응**이다.

성경 전통에 나타나는 금식에서 가장 중요한 점은, 금식이 반응이라는 사실이다. 금식은 통합된 인간이 삶에서 일어난 특별한 사건에 반응하는 자연스럽고 불가피한 방법이었다. 오늘날 우리는 주변에서 흔히 행해지는 형태의 금식보다는, 이와 같은 반응적 차원의 금식에 훨씬 많은 관심을 기울여야 한다. 흔히 행해지고 있는 금식이란, 바로 수단적 성격의 금식을 말한다. 수단적 금식은 무엇인가를 얻기 위한 금식이다. 다시 금식의 A→B→C 순서를 떠올려 보자.

```
     A          |    B    |    C
─────────────────────────────────────
  엄숙한 상황   |   금식  |   결과
```

이 책에서 강조한 것은 A에 대한 반응으로서의 B였다. 기독교의 금식은 예로부터 그와 같은 형태로 이루어졌다. C를 얻기 위해 B를 행하는 오늘날의 행태는 전혀 성경적인 금식이 아니다.

이 모든 것을 종합한 결론은, 금식은 **비통하고 엄숙한 상황**에서 나오는 반응임을 주지해야 한다는 것이다. 금식은 다음과 같은 상황에서 자연스럽고도 불가피하게 나타나는 반응이다.

• 죄를 지었을 때

- 누군가의 죽음에 직면할 때
- 임박한 재앙의 순간
- 자신에게 거룩과 사랑과 긍휼이 부족함을 발견할 때
- 다른 사람의 비참하고 궁핍한 처지를 볼 때
- 하나님의 거룩한 임재를 경험할 때
- 정의와 평화와 사랑이 결핍된 사회를 바라볼 때

금식은 이 각각의 상황에 전인적으로 반응하는 것이며, 나는 각각의 반응을 **몸의 돌이킴, 몸의 탄식, 몸의 간구, 몸의 훈련, 몸의 빈곤, 몸의 체험, 몸의 소망**이라는 용어로 표현했다. 또한 구약 성경에서 시작해 초기 기독교와 수세기 후에는 이슬람에 이르기까지 많은 종교들이, 한 해의 특정한 날과 기간을 정해서 엄숙한 상황을 기억하고 그 엄숙함에 몸으로 반응하는 금식의 전통을 지켜 왔다. 나는 그것을 몸의 절기라고 부른다.

나는 우리가 이와 같이 근본적으로 엄숙한 상황에 대한 반응으로서의 금식에 대한 영적인 민감함을 회복할 필요가 있다고 생각한다. 엄숙한 상황에 온몸으로 반응하는 것은 그 상황에 대한 하나님의 비애를 온몸으로 느끼는 것이다. 그것이 바로 근본적인 A→B의 형태다. 그러다 보면 때로(항상 그런 것은 아니다) A→B→C의 형태로 진행되어 금식자가 원했던 결과를 얻기도 한다. 하지만 B가 자동적으로 C를 얻게 한다고 강조하는 것은 매우 위험한데, 바라던 바가 이루어지지 않을 때 낙심하게 될 뿐 아니라 그것이 새로운 형태의 율법주의와 죄책감을 양산해 낼 수도 있기 때문이다. 즉 금식을 했는데도 자신이 원하는 결과가 이루어지지 않으면 자신의 동기와 정결함에 의문을 가지게 되는 것이다. 금식의 동기를 되돌아보는 것은 물론 좋은 일이지만, 성경적으로 참된 금식은 C가 이루어지든 그렇지 않든 상관없이 A가 B를 이끌어 낸다는 데 있다.

좀더 깊이 있는 금식을 하기 위해서는 좀더 큰 시각과 넓은 마음이 필요하다. 다른 사람들이 처한 어려운 상황과 인생의 엄숙한 순간에 대해 좀더 민감해져야 한다. 그런데 누구보다 그런 상황에 대해 민감하지만 금식은 하지 않는 사람들이 있다. 아마도 그 이유는 그들이 몸에 대해 가진 이미지가 필경 잘못되었기 때문일 것이다. 특히 서구인들은 불행하게도 조상으로부터 이원론이라는 유산을 물려받았다. 그로 인해 파생된 가장 심각한 문제는 영성 훈련에서 몸의 중요성을 간과하는 것이다. 그런 점에서, 이 책에서 다룬 몸의 이미지는 매우 파격적이라 할 수 있다. 그 이미지는, 몸의 역할을 회복하여 몸과 영의 연합을 통해 하나님과 자기 자신, 그리고 사람들과 이 세상에 대한 믿음과 소망을 표현하는 것이야말로 참된 영성이라는 점을 강조한다.

갈림길에 선 우리는 상당히 힘들고 험하게 보이는 길을 선택할 수도 있고, 반면에 시원한 그늘과 냇가가 바라보이는 평탄하고 쉬운 길을 선택할 수도 있다. 솔직히 말하면, 어렵고 힘들어 보이는 길이 참된 영성의 길이며, 그 말은 힘든 노력을 통해 우리 영성 안에 몸의 자리를 회복해야 한다는 뜻이다.

몸과 영을 통합하며 힘들고 좁은 길을 따라갈 때, 우리는 어느새 비통한 순간에 자연스럽게 금식하고 있는 자신을 발견하게 될 것이다. 그때의 금식은 무엇을 얻기 위한 것이 아니라, 그 상황에 대한 하나님의 마음을 깨달음으로 행하는 금식이다. 그리고 그런 금식은 하나님의 선한 역사에 동참하도록 우리를 이끌고, 우리가 궁극적으로 원하는 것이 바로 하나님의 역사에 동참하는 것임을 깨닫게 할 것이다. 아울러 우리가 하나님 곁에 있음을 발견하는 순간, 우리가 원했던 결과도 어느새 이루어져 있음을 깨닫게 될 것이다. 결국 금식이란, 궁극적으로 삶의 비통하고 경건한 상황 한가운데서 하나님과 함께 혹은 하나님 곁에 서는 것이라 할 수 있다.

주

들어가는 글

1) John Goldingay, *Psalms 1-41*(Grand Rapids: Baker, 2006), p. 496.

2) Athanasius, "Letter I. Easter, 329", *Nicene and Post-Nicene Fathers*, series 2, vol. 4, trans. A Robertson(Grand Rapids: Eerdmans, 1978), p. 507.

3) Augustine, "The Usefulness of Fasting", *The Fathers of the Church* 16, trans. Mary Sarah Muldowney(New York: Fathers of the Church, 1952), p. 411.

4) John Calvin, *Institutes of the Christian Religion*(Library of Christian Classics; Philadelphia: Westminster, 1975), 2:1242. 「기독교 강요」(크리스챤다이제스트).

5) Andrew Murray, *With Christ in the School of Prayer*(Springdale, PA: Whitaker House, 1981), p. 101. 「그리스도의 기도 학교에서」(생명의 말씀사).

6) Adalbert de Vogue, *To Love Fasting: The Monastic Experience*

(Petersham, MA: Saint Bede's Publications, 1989).

7) Dallas Willard, *The Spirit of Discipline: Understanding How God Changes Lives*(San Francisco: HarperSanFrancisco, 1991), p. 111. 「영성 훈련」(은성출판사).

8) John Piper, *A Hunger for God: Desiring God through Fasting and Prayer*(Wheaton, IL: Crossway, 1997), p. 104. 「금식 기도」(생명의 말씀사).

9) Thomas Ryan, *The Sacred Art of Fasting: Preparing to Practice* (Woodstock, VT: Skylight Paths, 2006), p. 40.

10) Amy Johnson Frykholm, "Soul Food: Why Fasting Makes Sense", *Christian Century*(March 8, 2005), p. 24.

1. 금식과 몸의 이미지

1) Thomas Howard, *The Night Is Far Spent: A Treasury of Thomas Howard*, selected by Vivian W. Dudro(San Francisco: Ignatius, 2007), p. 62.

2) 다음은 구약의 인류학 연구에 있어 가장 권위 있는 책이다. Hans Walter Wolff, *Anthropology of the Old Testament*, trans. M. Kohl(Philadelphia: Fortress, 1974).

3) Frederica Mathewes-Green, "To Hell on a Cream Puff", *Christianity Today*(November 13, 1999), p. 44.

4) John Paul II, *Mand and Woman He Created Them: A Theology of the Body*, trans. M Waldstein(Boston: Pauline Books and Media, 2006).

5) 이 분야를 연구한 또 한 권의 명저는 다음과 같다. F. LeRon Shults, *Reforming Theological Anthropology: After the Philosophical Turn to Relationality*(Grand Rapids: Eerdmans, 2003).
6) Kathleen Dugan, "Fasting for Life: The Place of Fasting in the Christian Tradition", *Journal of the American Academy of Religion* 63(1995): p. 548.

2. 몸의 언어

1) 다음은 인간 본성에 대한 이론들을 고찰한 탁월한 책이다. Leslie Stevenson, David L. Haberman, *Ten Theories of Human Nature*, 4th ed.(New York: Oxford, 2004).
2) 어떤 철학자들은 인간의 몸과 영과 영혼과 양심이 사람의 '순간들'(moments)이라고 이야기한다. 즉 그것들이 사람의 '일부분'이 아니라 경험적 차원에서 사람을 구성하는 '순간들'이라는 것이다. 그것들을 '외면과 내면'으로 부르든 '순간들'이라고 부르든, 중요한 것은 하나님이 인간을 육신을 지닌 유기적인 통합체로 창조하셨다는 사실이다.
3) Lynne M. Baab, *Fasting: Spiritual Freedom Beyond Our Appetites*(Downers Grove, IL: InterVarsity Press, 2006), p. 71.

3. 몸의 돌이킴

1) Andrew Greeley, Michael Hout, *The Truth about Conservative Christians*(Chicago: University of Chicago, 2006), pp. 103-112.

4. 몸의 간구

1) Azar Nafisi, *Reading Lolita in Tehran* (New York: Random House, 2003), 「테헤란에서 롤리타를 읽다」(한숲, 2003); Alan Paton, *Cry, the Beloved Country* (New York: Scribner, 2003).
2) 대하 20:3; 느 9:1; 에 4:3, 16; 눅 2:37 참조
3) Pete Greig, *God on Mute: Engaging the Silence of Unanswered Prayer* (Ventura, CA: Regal, 2007), "About the Author."
4) 같은 책, pp. 32-33.

6. 몸의 훈련

1) Adalbert, de Vogue, *To Love Fasting: The Monastic Experience* (Petersham, MA: Saint Bede's Publications, 1989).
2) 같은 책, p. 6.
3) 같은 책, pp. 8, 9, 10.
4) 같은 책, p. 15.
5) Dallas Willard, *The Spirit of Discipline: Understanding How God Changes Lives* (San Francisco, 1988), pp. 95-129.
6) 같은 책, p. 99.
7) 이 분야에 관심이 있다면 참고할 만한 두 권의 책을 추천하겠다. Stephen G. Miller, *Ancient Greek Athletics* (New Haven: Yale University Press, 2004); Michael B Poliakoff, *Combat Sports in the Ancient World: Competition, Violence, and Culture* (New Haven: Yale University Press, 1987). 중심 문화는 아니었지만 유대인들도 운동 경기를 좋아했다. 이 주제를 다룬 내가 아는 유일한

책은 다음과 같다. H. A. Harris, *Greek Athletics and the Jews* (Cardiff: University of Wales Press, 1976).

8) 초대교회, 몸, 성, 금식에 관한 탁월한 연구 자료들이 많이 출간되어 있다. Veronicka Grimm, *From Feasting to Fasting, The Evolution of a Sin: Attitudes to Food in Late Antiquity*(London: Routledge, 1996); Teresa Shaw, *The Burden of the Flesh: Fasting and Sexuality in Early Christianity*(Minneapolis: Fortress, 1998); V. L. Wimbush, ed., *Ascetic Behavior in Greco-Roman Antiquity: A Sourcebook*(Minneapolis: Fortress, 1990). 좀더 광범위한 연구를 담고 있는 서적으로는 다음의 책이 있다. Peter Brown, *The Body and Society: Men, Women and Sexual Renunciation in Early Christianity*(New York: Columbia University Press, 1988).

9) de Vogue, *To Love Fasting*, p. 33.

10) Arthur Wallis, *God's Chosen Fast: A Spiritual and Practical Guide to Fasting*(Fort Washington, PA: Christian Literature Crusade, 1997), p. 92.

11) Jerome, *Life of Paul, the First Hermit*, 6. Veronica Grimm, From Feasting to Fasting, p. 160에서 인용.

12) Jerome, *Letters* 45. 3. Veronica Grimm, *From Feasting to Fasting*, p. 164에서 인용. Jerome에 관해서는 다음의 서적을 참고하라. J. N. D. Kelly, *Jerome: His Life, Writings, and Controversies*(Peabody, MA: Hendrickson, 2000), pp. 179-194.

13) Mohandas K. *Gandhi, Gandhi An Autobiography: The Story of My Experiments with Truth*, trans. M. Desai(Boston: Beacon,

1993), p. 332. 「간디 자서전: 나의 진리 실험 이야기」(한길사).
14) Athanasius, *The Life of St. Anthony*, trans. R. T. Meyer(Westminster, MD: New Press, 1950). pp. 7, 14, 45, 93에서 각각 인용.

7. 몸의 절기

1) John Wesley, *Works of John Wesley*(Grand Rapids: Zondervan, 1958), 4.94.
2) 같은 책.
3) 교회력에 대한 초기 역사를 좀더 구체적으로 알고 싶다면 다음의 자료를 참고하라. John F. Baldovin, "The Empire Baptized", in *The Oxford History of Christian Worship*, ed. Geoffrey Wainwright, Karen B. Westerfield Tucker(New York: Oxford, 2006), pp. 112-120.
4) Robert Webber, *Ancient-Future Worship: Proclaiming and Enacting God's Narrative*(Grand Rapids: Baker, 2008), p. 29.
5) Scot McKnight, *Praying with the Church*(Brewster, MA: Paraclete Press, 2006).
6) *Institutes of John Cassian*, 5.20. Nicene and Post-Nicene Fathers, series 2, vol. 11, trans. Edgar C. S. Gibson(Grand Rapids: Eerdmans, 1986).
7) "The Canonical Epistle", from *The Ante-Nicene Fathers*, vol. 6, trans. James B. H. Hawkins(Grand Rapids: Eerdmans, 1971).
8) Wesley, *Works of John Wesley*, 19.88.

9) *Constitutions of the Holy Apostles*, Ante-Nicene Fathers, vol. 7. trans. William Whiston, ed. James Donaldson(Grand Rapids: Eerdmans, 1975), 7.2.23.

10) Tertullian. "The Chaplet, or De Corona," Ante-Nicene Fathers, vol. 3, trans. S. Thelwall(Grand Rapids: Eerdmans, 1980), p. 3.

11) Jerome, *Letters* 71(to Lucinius), Nicene and Post-Nicene Fathers, series 2, vol. 6, trans. W. H. Fremantle(Grand Rapids: Eerdmans, 1989), p. 6.

12) *Constitutions of the Holy Apostles*, 8.47.64.

13) *The Council of Gangra*, Nicene and Post-Nicene Fathers, series2, vol. 14, trans. Henry R. Percival(Grand Rapids: Eerdmans, 1971), canon 18.

14) *Letters of St. Augustine*, 54.7.9. Nicene and Post-Nicene Fathers, series 1, vol. 1(Grand Rapids: Eerdmans, 1988). J. G. Cunningham 번역.

15) Wesley, *Works of John Wesley*, 4.95.

16) *Recognitions of Clement*, 7.34. Ante-Nicene Fathers 8(Grand Rapids: Eerdmans, 1974). Thomas Smith 번역.

17) *Letter of Athanasius*, 6. Nicene and Post-Nicene Fathers, series 2, vol. 4, trans. A. Robertson(Grand Rapids: Eerdmans, 1978), p. 6.

18) Augustine, *Homilies on the Gospel of John*, Nicene and Post-Nicene Fathers, series 1, vol. 7, trans John Gibb and James Innes(Grand Rapids: Eerdmans, 1956), 17.4.

19) 이 주제를 훌륭하게 다룬 책은 다음과 같다. Archimandrite Akakios, *Fasting in the Orthodox Church: Its Theological, Pastoral, and Social Implications*(Etna, CA: Center for Traditionalist Orthodox Studies, 1996). 다음은 동방정교회의 영성에 관한 풍부한 자료와 흥미로운 이야기, 본받을 만한 사례들이 수록되어 유대교의 탈무드에 필적할 만한 책이다. *The Philokalia: The Complete Text*, 4 vols.(London: Faber and Faber, 1983). 이 책의 색인을 보면 금식에 관련된 부분을 찾을 수 있다.
20) '사계재일'이란 1년에 4회, 3일에 걸쳐 단식과 기도를 하는 날을 말한다. '승천 전 기도일'은 예수 승천일(목요일) 전의 월요일부터 수요일까지의 3일간을 의미한다.
21) Martin *Luther, Luther's Works*, vol. 21: The Sermon on the Mount(St. Louis, MO: Concordia, 1956), p. 159.

8. 몸의 빈곤

1) 이 표현은 다음의 책에서 인용한 것이다. Tom Holmen, *Jesus and Jewish Covenant Thinking*(Leiden: E. J. Brill, 2001).
2) Abraham Heschel, *The Prophets*, 2 vols.(New York: Harper Torchbooks, 1969). 이 두 권의 책에서 전반적으로 이 주제를 다루고 있다.
3) 이사야서에 관한 책이라면 나는 언제나 다음의 책을 추천한다. H. G. M. Williamson, *Variations on a Theme: King, Messiah and Servant in the Book of Isaiah*(London: Paternoster, 1988).
4) The Shepherd of Hermas 56:3. Loeb Classical Library, trans. Bart

Ehrman(Cambridge, MA: Harvard, 2005), p. 25.
5) Augustine, *Expositions on the Book of Psalms*, 43.7. Nicene and Post-Nicene Fathers, series 1, vol. 8(Grand Rapids: Eerdmans, 1974). 이 책의 번역은 Oxford 번역이라고 불리며 A. Cleveland Coxe가 약간 편집한 것이다.
6) Wesley, *Works of John Wesley*, 20.10.
7) 금식에 관한 사회과학적 관점을 알고 싶다면 다음의 책을 참고하라. B. J. Malina, *Christian Origins and Cultural Anthropology: Practical Models for Biblical Interpretation*(Atlanta: John Knox Press, 1986), pp. 185-204.
8) "The Congressman Who Can't Stomach Hunger", *Christianity Today*(June 20, 1994), p. 15.
9) 같은 책, p. 17.
10) David Duncombe, "Prayer and Fasting in the Halls of Congress: A Pastoral Approach to Lobbying", *Journal of Pastoral Care* 55(2001): pp. 7-16. 그의 삶에 관한 모든 인용은 이 기사에서 가져온 것이다.
11) http://www.jubileeresearch.org/jubilee2000/news/usa1709.html.
12) Eamon Duffy, "To Fast Again", *First Things* 151(2005): p. 5.
13) St. Chrysostom, *Concerning the Statues*, 3.11-2; 16.13. Nicene and Post-Nicene Fathers, series 1, vol. 9(Grand Rapids: Eerdmans, 1989). 원 번역자는 W. R. W. Stephens이며 내가 내용을 현대어로 약간 수정했다.

14) Lynne M. Baab, *Fasting: Spiritual Freedom Beyond Our Appetites*(Downers Grove, IL: InterVarsity Press, 2006), p. 16.

9. 몸의 체험

1) Phillip H. Wiebe, *Visions of Jesus: Direct Encounters from the New Testament to Today*(New York: Oxford University Press, 1997).

2) John Cassian, *Institutes* 22; *First Conference of Abbot Moses*, pp. 7-8.

3) Nahum Sarna, *Exodus*, JPS Torah Commentary(Philadelphia: JPS, 1991)p. 220.

4) Athanasius, "Letter 1, Easter 329" 6. Nicene and Post-Nicene Fathers, series 2, vol. 4(Grand Rapids: Eerdmans, 1978), trans. A Robertson.

5) Basil the Great, "Letters", 45.1. Nicene and Post-Nicene Fathers, series 2, vol. 8; trans. Blomfield Jackson(Grand Rapids: Eerdmans, n.d.).

6) John Calvin, *Institutes of the Christian Religion* (Library of Christian Classics; Philadelphia: Westminster, 1975), 2:1242.

10. 몸의 소망

1) 자신의 박사 논문 컴퓨터 파일을 빌려 준 Kent Berghuis에게 감사한다. 현재 그 논문은 다음의 책으로 출간되었다. *Christian Fasting: A Theological Approach*(Biblical Studies Press, 2007).

2) 이 대목에서는 누가가 전하는 비유에 초점을 맞추었다. 마가복음과 마태복음에도 동일한 비유가 나오지만 약간 다르게 묘사되어 있다. 마가복음 2:21을 보면 "생베 조각을 낡은 옷에 붙이는 자가 없나니 만일 그렇게 하면 기운 새 것이 낡은 그것을 당기어 헤어짐이 더하게 되느니라"라고 되어 있다. 마태복음도 내용은 다를 바 없다. 새 옷을 헌 옷에 대고 기우면 옷을 빨거나 말릴 때 덧댄 새 옷 조각이 줄어들면서 헌 옷이 찢어진다는 이야기다. 누가복음에 나오는 비유의 끝부분에서는 예수님 얼굴에 번졌을 장난스러운 미소를 상상해도 좋다. "묵은 포도주를 마시고 새 것을 원하는 자가 없나니 이는 묵은 것이 좋다 함이니라"(눅 5:39). 이 말씀은 재미있는 여담일 뿐, 예수님이 주실 새 포도주가 맛이 없다는 의미는 전혀 아니다(사실은 아주 맛이 좋을 것이다!).

3) Thomas Ryan, *The Sacred Art of Fasting: Preparing to Practice* (Woodstock, VT: SkyLight Paths, 2006), p. 39.

4) 한 동방정교회 수도사, *Orthodox Spirituality*, 2d ed.(Crestwood, NY: St. Vladimir's Seminary Press, 1996), p. 22.

5) Bradley Nassif 와의 개인적인 이메일 대화, 2008년 4월 2일.

6) Kent Berghuis, "Christian Fasting: A Theological Approach," (PhD 논문, Trinity Evangelical Divinity School, 2002), p. 163.

11. 금식의 문제점

1) Luther, *Luther's Works*, 21.157.
2) 같은 책, p. 158. John Calvin은 *Institutes*, 4.12.21에서 그런 문제들이 있다고 밝히고 있다.

3) Jerome, "Letters of St. Jerome" Nicene and Post-Nicene Fathers, series 2, vol. 6, trans. W. H. Fremantle, G. Lewis, and W. G. Martley(Grand Rapids: Eerdmans, 1989), letter 22.37.

4) Jerome, "Letters of St. Jerome", Nicene and Post-Nicene Father 니 series 2, vol. 6, trans. W. H. Fremantle, G. Lewis, and W. G. Martley(Grand Rapids: Eerdmans, 1989), letter 22.37.

5) St. Chrysostom, "The Gospel of Matthew", Nicene and Post-Nicene Fathers, series, vol. 10, trans. G. Prevost(Grand Rapids: Eerdmans, 1986), 30.4.

6) 같은 책, 25.3. 읽기 쉽도록 번역문을 약간 수정했다.

7) Etan Levine은 금식할 때 얼굴을 보기 흉하게 만든다는 것은 언약 궤에서 나온 나뭇재를 얼굴에 바르는 관습을 말하며 이삭이 자신을 속죄의 제물로 바친 것을 상징한다고 주장했다. 따라서 얼굴을 보기 흉하게 만드는 것은 속죄를 위해 이삭의 재를 얼굴에 바른다는 의미이다. 예수님이 그런 식의 속죄를 인정하지 않으셨고 오직 자신의 죽음으로 인한 속죄만을 인정하셨으므로, 재를 바르거나 얼굴을 보기 흉하게 만드는 것을 부정하는 것은 속죄에 관한 말씀이다. *Journal of Ritual Studies* 13.1(1999); p. 106에서 내용을 확인해 보기 바란다. 그러나 마태복음 6:1-18은 속죄보다는 위선적인 행위와 자기 과시에 대한 말씀이기 때문에 나는 Levine의 주장에 다소 의구심을 갖고 있다. 그러나 예수님이 베옷이나 기타의 행위를 묵인하셨지만 얼굴을 흉하게 하는 것만은 허용하지 않으셨다는 Levine의 지적은 옳은 지적이다.

8) Luther, *Luther's Works* 21.158.

9) Jerome, "Letters of St. Jerome", letter 22.7.

10) John Cassian, "Second Conference of Abbot Moses", p. 17.

11) Jerome, "Letters of St. Jerome", letter 107.10.

12) 같은 책, letter 130.17.

13) St. Chrysostom, "Concerning the Statues" Nicene and Post-Nicene Fathers, series 2, vol. 9, trans. W. R. Stephens(Grand Rapids: Eerdmans, 1989), homily 15.1.

12. 금식의 유익

1) John Piper, *A Hunger for God: Desiring God through Fasting and Prayer*(Wheaton, IL: Crossway, 1997), pp. 67-68.

2) Basil의 설교 *About Fasting*, K. Berghuis, Christian Fasting, p. 188 (31.172 [6])에서 번역됨.

3) *Confessions*(trans. P. Burton; New York: A.A. Knopf, 2001), 1.1.1.

4) 같은 책.

5) Wesley, *Works of John Wesley*, 5.441.

6) John Piper, *A Hunger for God*, p, 14

7) Willard, *The Spirit of God*, p. 14.

8) Richard Foster, *Celebration of Discipline: The Path to Spiritual Growth*, rev. ed.(San Francisco: Haper & Row, 1988), p. 55. 「영적 훈련과 성장」(생명의 말씀사).

13. 금식과 건강

1) 금식에 관해 나와 함께 이야기했던 의사와 간호사들의 이름은 밝히지 않겠다. 다만 내게 도움을 준 두 가지 자료들은 다음과 같다. Lee Goldman and Dennis Ausiello, eds., *Cecil Textbook of Medicine*, 22d ed.(Philadelphia Saunders, 2004); Jerrold B. Leikin and Martin S. Lipsky, eds., *American Medical Association Complete Medical Encyclopedia* (New York: Random House Reference, 2003).
2) Teresa Shaw, *The Burden of the Flesh*, 2장의 내용을 참고했다.
3) Wesley, *Works of John Wesley*, 18.123.
4) *Cecil Textbook of Medicine*, s.v. "Metabolic Response to Starvation", 1317.

참고 도서

Akakios, Archimandrite. *Fasting in the Orthodox Church: Its Theological, Pastoral, and Social Implications.* Etna, CA: Center for Traditionalist Orthodox Studies, 1996.

Baab, Lynne M. *Fasting: Spiritual Freedom Beyond Our Appetites.* Downers Grove, IL: InterVarsity, 2006.

Berghuis, Kent. *Christian Fasting: A Theological Approach.* Richardson, TX: Biblical Studies Press, 2007.

de Vogue, Adalbert. *To Love Fasting: The Monastic Experience,* trans. J.B. Hasbrouck. Petersham, MA: Saint Bede's, 1989.

Foster, Richard. *Celebration of Discipline: The Path to Spiritual Growth,* rev. ed. San Francisco: Haper & Row, 1988.

Grimm, Veronicka. *From Feasting to Fasting, The Evolution of a Sin: Attitudes to Food in Late Antiquity.* New York: Routledge, 1996.

Piper, John. *A Hunger for God: Desiring God though Fasting and Prayer.* Wheaton, IL: Crossway, 1997.

Ryan, Thomas. *The Sacred Art of Fasting: Preparing to Practice*. Woodstock, VT: Skylight Paths, 2005.

Shaw, Teresa. *The Burden of the Flesh: Fasting and Sexuality in Early Christianity*. Minneapolis: Fortress, 1998.

Strack, H. and P. Billerbeck. *Kommentar zum Neuen Testament aus Talmud und Midrasch*, 5 vols. Munchen: C. H. Beck'sche Verlagsbuchhandlung, 1922.

Willard, Dallas. *The Spirit of the Disciplines: Understanding How God Changes Lives*. San Francisco: HarperSanFrancisco, 1998.

옮긴이 안정임은 1990년부터 예수전도단(YWAM)에서 전임사역자로 11년간 사역했고 이후 캐나다 Tyndale University에서 신학을 공부했다. 현재 전문번역가로 활동하고 있으며, 역서로는 「하나님, 당신을 의심해도 될까요?」, 「위험한 순종」(이상 국제제자훈련원), 「하나님과 친밀해지는 삶」, 「당신에게 없는 믿음」(이상 예수전도단), 「하나님은 어떻게 악을 이기셨는가?」, 「나도 변화될 수 있다」, 「성찬이란 무엇인가」, 「중단 없는 기도」(이상 IVP) 등 다수가 있다.

금식

초판 발행_ 2011년 12월 26일
무선판 발행_ 2023년 4월 25일

지은이_ 스캇 맥나이트
옮긴이_ 안정임
펴낸이_ 정모세

펴낸곳_ 한국기독학생회출판부
등록번호_ 제2001-000198호(1978. 6. 1)
주소_ 04031 서울시 마포구 동교로 156-10
대표 전화_ (02)337-2257 팩스_ (02)337-2258
영업 전화_ (02)338-2282 팩스_ 080-915-1515
홈페이지_ http://www.ivp.co.kr 이메일_ ivp@ivp.co.kr
ISBN 978-89-328-2152-8

ⓒ 한국기독학생회출판부 2011

책값은 뒤표지에 있습니다.
무단 전재와 복제를 금합니다.